a personal memoirs of veteran soldier

PERSONAL

一頂蚊帳、一床棉被和新台幣十塊錢。

汪燕傑 著

MEMOIRS

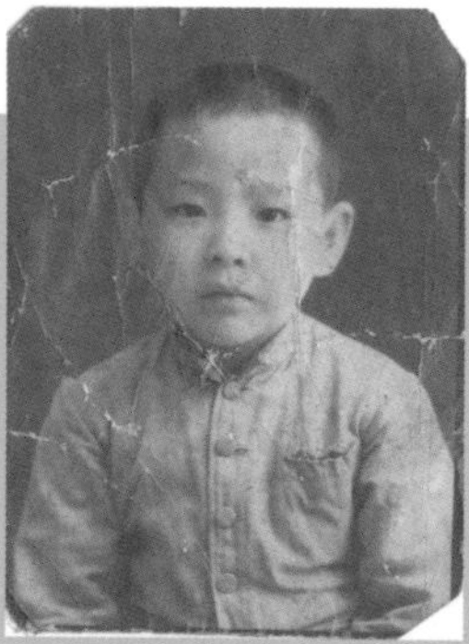

上右：燕傑　6 歲。

上中：燕傑　7 歲手牽 2 歲的筱君妹。

上左：燕傑 25 歲。

中右：燕傑 16 歲 離家時與父親及鳴虎弟合影。

中左：母親以續弦的身份嫁給父親，大媽因病去世留下兩男一女，因此母親結婚第一天就成了三個孩子的媽。此照於民國 19 年前拍攝。

下　：先母年輕時 攝於民國十八年。

CHILDHOOD

上：「蔡家橋」位於四川省銅梁縣虎峰場。
　　民國 35 年離家時與母親永別之橋。

下：我的母親於民國 37 年 夏
　　病逝於此屋。

上右、中右：燕傑與夫人董晶瑯女士戀愛時的合影。

上左：任職步兵學校教官時與夫人合影。

中左：燕傑與夫人董晶瑯女士 結婚 25 週年與
　　　長子聖憲、次子聖麒合影。

下左：夫人晶瑯待字閨中未嫁時。

下右：燕傑與夫人董晶瑯女士結婚照。

Early Adulthood

上：第一排右三 手持畢業第一名獎狀者為 燕傑。

下：教室節當選優良教官 第四排右七者為 燕傑。

上右：我的三哥鳴鑾。

上左：三哥和筱君妹。

中右：妻與汪河、汪江兩姪合影。

中左：偕妻與三哥三嫂合影。

下右、下中：筱君妹儷影 曾是上校團長的夫人，一九四九年解放後，卻成了戰犯的妻子。

下左：與鳴虎弟合影於虎峰場故居。

Return Home

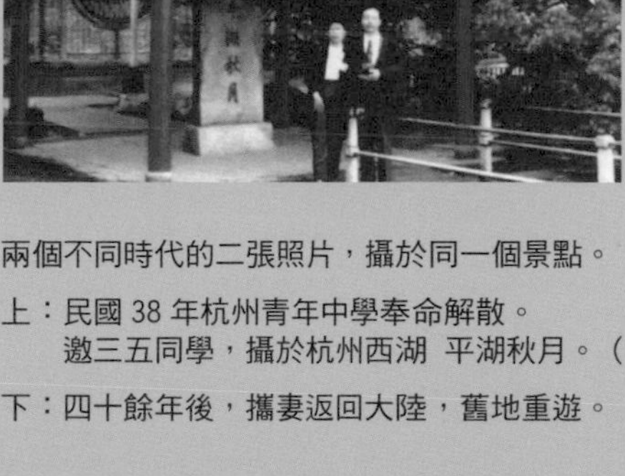

兩個不同時代的二張照片，攝於同一個景點。

上：民國 38 年杭州青年中學奉命解散。
邀三五同學，攝於杭州西湖 平湖秋月。（後右立者為 燕傑）

下：四十餘年後，攜妻返回大陸，舊地重遊。

上右：杜甫草堂。

上左：遙望西湖感慨萬千，遠處為湖心亭。

中右：四川峨嵋山的報國寺。

中左：峨眉山滑竿服務。

下右、下左：紀念三蘇父子祠廟 三蘇祠。

Mature Adulthood

上右：妻含飴弄孫。

上左：與妻合影。

下右：結婚 40 週年。

下左：民國 109 年與妻攝於屏東榮譽國民之家。

目次

序　15

烽火戰亂西蜀行　17

楔子　18

寒冬出世　19

逆長江而行　27

故鄉 就是祖先流浪的終點　31

掙扎的歲月　37

離鄉背井奔前程　43

投身軍旅　44

短暫的金色年華　50

賈老總 假老總　56

南遷 60
客居蓬萊數十秋 67
海的彼岸 68
紅短褲 打赤膊 72
升官 難如登天 80
春之痕 83
弦續 92
教鞭生涯 96
解甲歸『田』 102
改作行口商 106
鄉愁 111
返鄉之路四十年 116

漫漫歸途 117
重返大陸 123
歡迎光臨大旅社 130
有文化水平的老礦工 136
無所不在的統戰計畫 142
婚禮 149
筱君妹 151
不會駕駛汽車的汽車廠工人 161
一頁滄桑史 165
兩岸結合燕傑年表 175

序

汪鳴鑾

燕趙多慷慨悲歌之士，吾以祖籍燕京，為勉勵鳴九弟立志向上，爭做燕京之家傑，故贈名燕傑。當國難方殷，九一八事變，東北三省淪陷之前，燕傑弟誕生於瀋陽，日本侵佔瀋陽後，閤家倉促逃回北平。上海一二八戰後，父親任職於中央軍校，全家又遷居南京，從此家境日臻安定。傑弟從兩三歲至七、八歲，度過一段金色童年。

七七抗戰爆發，八一三滬戰又起，抗日戰爭全面展開，全家又在日機追逐轟炸下，隨軍校遷武漢，入四川，到銅梁縣，因戰爭慘烈，家庭生活日趨艱難，傑弟在家境貧困中從少年步入青年。當時，國難與困境交織，生活共艱辛同在，倍受折磨，良可慨也。

民國三十五年，燕傑弟來綦江縣，由我照拂，與三嫂及江姪女共生活，情感甚篤。勝利後隨軍還住蘇州，不久，我乃送弟到杭州青年中學就讀，從此又過了一段天堂般的學生生活。

民國三十八年，燕傑從廣州來台灣，而我返回大陸，彼此相左，歉疚終身！傑弟在台投筆從戎，發奮圖強，幾十年來，頗有成就，充分表現了自強不息，艱苦拼博之精神，十分難能可貴！堪為後輩之楷模。

歲月如流，干支更易，倏焉傑弟已年逾花甲，緬懷一生戎馬生涯，顛沛流離，得能艱辛創業，教子成材，殊非易易！邇來又耗數月功夫，完成近十萬字自傳一篇，敘述有生以來之經歷，更足以啟迪後人，尤為可佩！兄遠居四川，山海遙隔，天各一方，自傳未得先睹為歉，更不能朝夕相聚，樂敘天倫，每當花朝月夕之辰，春樹暮雲之際，不勝滄桑興感，動念手足之情，實深悲嘆，情真意切難禁離愁，春露秋霜，尚祈珍攝，夕陽無限好，尤為勉諸是序。

為祝燕傑弟六十大壽，特賦七律一首為頌：

六十遐齡彈指間、初登寶島一青年，
少壯拼搏求自立、蒼顏安居樂陶然，
人生那有筆直路、梅花飽受霜雪寒，
放眼前程無限好、長壽幸福霞滿天。

三哥

鳴鑾　於重慶市南桐礦區

一九九一年、五月

a personal memoirs of veteran soldier

01

烽火戰亂西蜀行

PERSONAL
MEMOIRS

楔子

新年龍燈遊行晚會，是由八、九個大漢光著身子，高舉著兩條竹子編製的龍燈，從街的一端，搖搖擺擺走向街的另一端。街道兩旁有人將生鐵片溶化成紅紅的鐵水，一小勺、一小勺的往空中拋去，待鐵水落下時，另一名助手用木板猛擊，落下的紅鐵水在空中散開，像雨點般灑落到舞龍者身上，舞龍者邊走邊跳腳，使落在身上點點發光的紅鐵水彈落地上。另一旁則有人利用竹筒灌進黑色火藥，一端插入導線點燃，朝向巨龍噴出火花。屋簷下的男男女女、老老少少，尤其是小孩，無不歡呼、尖叫，熱鬧極啦！

舞龍後的第三天，正月十五元宵節晚上，家裡沒有吃元宵，母親只是別於往常的在桐油燈下忙著幫我們整理行囊。正月十六日清晨，我揹著一個帆布包，拉著弟弟的手，跟著父親離開了家。母親含著淚送了我們足足有二、三里路，走過蔡家橋，父親便不要母親再送，弟弟不知別離苦，一蹦一跳的走在前面，父親拍著母親的肩膀說：「回去吧！」我向母親揮揮手，趕上前面的弟弟，走了一段路再回頭，看見母親仍站在橋上望著我們。

萬萬沒想到此行，我們母子竟成永別。

寒冬出世

父親在東北講武堂擔任教職。我從小生長在軍人的家庭裡，由於軍人的生活沒有固定的住所，因此我的幼年也是隨著家人東飄西蕩。

我出生尚未滿週歲時，東北發生了一件影響中國歷史，震驚中外的九一八事變。由於父親當時在東北軍界工作，而家又居住在首當其衝的瀋陽，家庭所受的衝擊可想而知。

一天夜裡，全家人都上炕[1]睡覺了，忽然聽到「轟」的一聲巨響，緊接著隆隆炮聲像是從屋頂上掠過，一夜到天明。父親嘆氣的說：「日本兵行動啦。」第二天上午日本兵已佔領瀋陽城的消息就傳開了。社會秩序混亂，店舖關門，各個人心惶惶。

一條通往北大營新建的寬闊公路上，日本的騎兵部隊神情緊張的沿公路前進。執行帝國主義侵略式戰爭的步兵部隊跟著也開來了，步伐雖然不整齊，每個士兵的臉上卻是顯得異常的僵硬、呆板。大隊的步兵身後，接著是用六匹馬牽引的炮車，浩浩蕩蕩的前

1 火炕簡稱炕，是一種可以燒火取暖與休息睡眠的建築設施。

進。父親說這一團是比騎兵部隊更兇殘的日本侵略軍。

大街上滿是張貼著日本關東軍的佈告，上面寫著強詞奪理，任誰也都不會接受日軍佔領瀋陽的原因。從此以後整個瀋陽處於被日軍佔領的恐怖氣氛中。

由於商店全部關門，生活必需品皆買不到，家裡的糧食也越來越少，大家心裡也跟著慌張起來；在夜裡也規定不准點燈，聽說巡邏的日本兵看到有些人屋裡有光，竟闖進去把中國人給刺死；「鬍子」（土匪）趁亂給財主家寫信勒索要錢、綁票，社會開始動蕩不安。瀋陽火車站一列運糧食的火車上面裝滿大豆高粱，因無人看管被許多大膽的人偷走不少。風聞此事，又耐不住饑餓的同胞，紛紛到火車上搶糧食，在一陣槍聲後，列車附近橫七豎八躺著不少屍體，那些倒楣鬼，碰到正在巡邏的日本兵，引來了殺身之禍，諸如此類的事件一直不斷的在身邊上演著。日日挨餓又擔心受怕，日軍才佔領沒幾天，卻彷彿過了一世紀。

父母親判斷東北在日本軍閥的淫威下，是住不下去了！

我家有個幫忙料理家事的傭人—玉媽，在皇姑屯車站有位親戚，通過她的聯繫，得以讓我們順利的搭上屬於蘇俄勢力的北寧鐵路火車，返回北京老家。

因為玉媽的關係，雖然皇姑屯車站擠滿人山人海的逃難民眾，我們仍可先上車，並享有座位。從此之後我們丟了瀋陽的家，父親也丟了他的軍服和全家賴以生存的全部積蓄。

從瀋陽到北京，山海關是必經之途，「過關」以後，就到了俗稱的「關內」。「裡七外八」說的是瀋陽到北京，關內七百里，關外八百里，合計要「走」一千五百多華里[2]。以往，坐在火車上，可以看見車窗外浩瀚的平原，田裡長的盡是大豆、高粱。高粱一眼望去，像火紅的千層浪，一望無涯，蔚為壯觀。如今正值初冬，莊稼早秋收冬藏，已看不到那種美景。再說不願做亡國奴的同胞們，像沙丁魚似的擠在車廂裡，那還有心情去欣賞打虎山的峰巒、秦皇島的夜景和那引人入勝的山海關呢！

從那時開始，我這個母親懷抱中的嬰兒便投入了戰火瀰漫，烽煙四起的流離歲月，我的命運也緊緊地與多難的祖國連在一起，從北到南，從西到東，顛沛逃亡的度過童年

2　1華里＝500公尺（m）

和少年。

北京，是我的老家。然而對於老家的印象，卻是一片模糊。襁褓中我只和老家的親人相處了一、兩年，不到三歲又隨父母遷往南京。我只知道在北京西直門外香山附近，老家有一棟宅子，奶奶、大爺（伯父）、老爹（叔叔）都住在那裏，是一個人口眾多的大家庭。

父親聯芳，號馨三，保定軍校第一期畢業，畢業後即在東北軍界工作。九一八事變後國土淪喪，回到北京賦閒在家。雖然在老家生活不成問題，但終非長久之計，幾個月後父親經介紹到南京工兵學校高級班當隊長。第二年初夏，一二八上海抗日戰爭以後，母親才帶著我們四個孩子舉家過黃河，跨長江，遷住南京。往後數年連任好幾期工兵隊隊長職務。

母親原籍山東省距野縣人，小時候隨著我的外祖父和姥姥移居東北，二十多歲時以續弦的身份嫁給父親，生了我、妹妹筱君和弟鳴虎三人。我的大哥、三哥和姊姊則是大媽所生。我們兄弟姐妹雖非同母所生，但因大媽早已去世，小時候哥哥姐姐都很乖巧懂事，也很疼愛弟弟妹妹，所以從小大夥兒就相處很好。

曾聽母親說過，當初嫁給父親時，娘家的人都反對，因為大媽留下的三個孩子，最大的已十歲，小的也三、四歲了，後母難為古今皆然。若母親沒有極大的勇氣，想必是無法接納這門婚事的。

母親生性善良，在家中經濟狀況較好那段時間，常常做一些濟貧的工作，有一天一戶租我們房子的房客，向米店叫了一袋米，送來後卻發現沒錢付給米店，便叫米店的人把米拿回去，母親知道後叫送米的人把米留下，並且代付了米錢。還有一次，一位陌生人從外地來南京尋找投考中央軍校的弟弟，因為不知單位隊別，無法找起，川資也用完。因鄰居都知道父親在軍校工作，建議這位陌生人到我家打聽一下，希望協助尋找。母親騰出柴房的一角，供以膳宿，囑其每日午飯後到軍校後門口，看看列隊進出校門，到後山坡打野外的隊伍中能否找到他弟弟。

數日後這位陌生人卻不辭而別，我們也不知道他找到弟弟沒有？現在想起此事，真要捏一把冷汗，既不知他的來歷，也不知他是好人壞人，是不是騙子？就讓他住在家裡，免費供應膳宿。若是現在這種社會，任何人都不會如此處置這種事，想想母親真是太厚道、太仁慈了。

我有兩個哥哥一個姐姐。家中兄弟是採大家庭的排行，大哥鳴午、三哥鳴鑾是我親哥哥，二哥鳴岐是伯母所生，四哥鳴宇則為嬸嬸所生。我是老五，在東北出生的那年正好是奶奶九十大壽，因此取名「鳴九」。當時家中的女孩只有姐姐樹榮一人，她是汪家的掌上明珠。

兒時住在南京的那段日子，是我們一家人生活最幸福、最溫馨的時刻。

父親在中央軍校當隊長，工作安定，雖是軍人，但在抗戰以前一位校級主官的待遇，養活一家人已綽綽有餘。幾年下來在母親身邊已有不少積蓄。記得七七抗戰爆發，隨軍入川時，母親腰間纏的都是法幣[3]，皮箱裡塞的都是黃金。在我的記憶中家住南京時，父親在中山門外的香林寺附近買了一塊地，蓋了一棟平房。大哥和三哥高中畢業後相繼考進了中央軍校。

大哥既已入中央軍校，母親就把多出來的空屋出租給別人。當時有一家姓傅，三哥還沒入軍校前，就租我家的房間。傳家有一個女兒，年齡和三哥差不多，他倆讀高中時，由於住同一個院子，朝夕見面、日久生情，不久就如漆似膠，進而談及婚娶。那時三哥已考取軍校，但尚未報到，對於這門婚事父母親都不甚同意，考慮到三哥兩、三年後才能從軍校畢業，而軍校學生必須接受嚴格的軍事訓練，不可能時常回家，要結婚最好等軍校畢業當官後再說。但熱戀中的青年，哪等得及呢？在三哥入軍校報到前，家裡就替他倆辦了喜事。那個時期不像現在的戶籍資料記載詳細，已婚、未婚報到時當事人說了就算。

數年後三哥自軍校畢業，階級職務均低，加上當時正是抗戰時期，部隊調動頻繁，軍人生活清苦，無法照顧妻子，經雙方同意，便離了婚，結束這段姻緣。

家裡經濟狀況慢慢好轉後，老家時常有親人來南方。年邁的姥姥有時也來家中小住數日。我那時已是一個少不更事的小頑童，常常用大姆指和食指出個圓圈，向姥姥要銅

3 法幣是 1935 年起由中華民國國民政府發行的國幣。後來在國共內戰時，因中華民國政府軍費上升而大量發行法幣支付軍費，而引發貨幣惡性通脹，在 1948 年由金圓券取代。

錢，老人家每次都會偷偷從口袋裡掏出一、二個銅錢給我。其實那時家裡已經有能上發條的汽車和飛機等玩具，但從姥姥那拿到錢以後，我就奔往小店鋪去買動物面具或風箏等玩具。

筱君妹在我們一家人生活最幸福的那段日子於南京出生，當時家中衣食無缺，妹妹有一個比她高一點，眼睛會轉動的大洋娃娃，家裡還給她雇了一個奶媽，可說是從小備受疼愛。

逆長江而行

在我剛滿六歲，啟蒙入學讀書不久，蘆溝橋的一聲槍響，使多難的祖國又投入了另一場艱苦的抗日戰爭。父親幾經奮鬥在南京打造溫馨的家，再次遭到巨變。雖然沒有達到毀家紓難的境地，然而父兄均投入軍旅，六歲的我則成了家中唯一的男人。

起初，日軍飛機時常在首都上空轟炸。母親給全家每人買了一雙當時最好的名牌球鞋—回力鞋。只要預備警報一響，母親就帶著我們朝香林寺附近的山區躲警報。有時一天拉兩、三次警報，有時警報一天一夜不解除，真是苦不堪言。

父親已隨軍校遷駐江西九江的鄉下。一天下午父親拍來電報，要我們立刻趕往九江。傍晚，母親便匆匆收拾好行李，所謂行李只不過是一些換洗的衣物，和值錢的金飾等，雇了幾輛黃包車，連夜趕到下關乘輪船逆長江而上，到九江投往父親處。我還依稀記得，當年筱君妹妹抱著她那心愛的洋娃娃，坐在母親懷裡乘黃包車離開南京時的情景。

離開南京的家，只帶了一些輕便衣物是因為母親以為，在很短的時間內，戰爭就會結束，一些笨重值錢的傢俱、裝飾品等，都託付鄰居照顧。萬萬沒想到此去一別，我們再也沒有回過南京的家。

之後，我們也隨父親軍職的調動，從九江又搬到了武昌。

我的大哥鳴午就是在武昌畢業的，軍校十二期畢業後分發到西安。當時戰況緊急，必須盡速趕往部隊報到。臨行前他回家向父母辭別。我還記得大哥那天穿著燙的平整的軍裝，背著武裝帶，腰間佩著刻有「成功成仁」四個字的佩劍，逆光站在門口，好不神氣。父母除了說一些鼓勵的話，並要他注意安全之外，更多的是說不出口的不捨。這是我最後一次見到大哥。

大哥一直在西北工作，民國三十八年在西安綏靖公署當參謀，戰事吃緊後升任副團長，而後轉進到成都附近，但在我來台灣後兄弟就此失去了連絡。

在武昌住了很短一段時間，我們又逆長江而上抵達重慶。

當時重慶市區已經先後來了很多和我們一樣身份的「下江人」。物價也節節高漲，當地人的解釋是：「你們是中央軍，可以自己印中央券，多幾塊錢買東西有啥子關係。」

聽了這話真是使人啼笑皆非。當時的老百姓哪裡知道印製和發行鈔票是有一定的法定程序。

父親帶著我們一家人，再趕往銅梁報到。當時聽說從重慶到銅梁如走公路必須經過西溫泉附近的一處山區，該山區經常出現「棒老二[4]」。為了安全，父親決定走水路。沿嘉陵江先到合川，再轉涪江到安居鎮。

父親的同事胡伯伯，也要到銅梁報到，於是我們兩家人合雇了一條大木船，將船倉隔成三間，前面兩間由胡伯伯和我們兩家分住，最後一間由船家和二位警察使用。原來離開重慶的前一天，父親曾到警察局，請他們派了兩名武裝警察隨船同行，以保旅途安全。

年幼無知的我，真是少年不識愁滋味，父母親腦海裡正想著此去不知何日歸？而我在船上卻覺得怪好玩呢！有時拿根小繩綁個小鈎說是要釣魚，幾天下來，連根草也沒釣到；有時用紙摺隻小船扔到江裡，手裡揮著小棍，嘴裡喊著要把日本鬼子的兵艦打沉、

4 強盜、土匪。

打翻，自己玩了起來。沒想到「打沉」、「打翻」是船家最忌諱的二句話，他們向我搖著手直喊：「要不得，要不得。」但對我這個調皮搗蛋的下江小娃兒，也莫可奈何。

船逆流而上，動力是靠人工划槳，有時水急，船家除了留一人掌舵外，其他的人都上岸拉縴[5]。為了上下船方便，拉縴的船伕都脫下衣褲，將褲子圍在腰上，赤腳走在岸邊崎嶇不平的小徑上，嘴裡唱著我們聽不懂卻充滿感染力的山歌。靠那條用細竹條編成的縴繩將船往上游拉著前進，慢慢的逆流而上。

幾天之後我已失去了坐船的新鮮感，成天直吵著要上岸。船過川，轉入涪江後又航行了一段時間，最後在一個叫安居的小鎮靠岸下船。改乘幾輛黃包車浩浩蕩蕩抵達銅梁縣城。

可能是因為對日戰爭擴軍的關係，部隊缺乏基層幹部。在銅梁以東四十華里一個叫虎峰場的地方成立了一個軍校附設的軍官訓練班。父親奉命調往該訓練班擔任築城主任教官的職務。於是我們全家又從銅梁遷往虎峰場。整個八年抗戰期間，除了前一段逃難的日子外，我們一家都在虎峰場生活著。

故鄉 就是祖先流浪的終點

虎峰場是一個四面環山，凸出於盆地中間的一個小丘嶺上的小鎮落，南北長，東西狹窄。一條碎石馬路橫跨小鎮中央，把小鎮一分為二。南北向的一條小街約二華里長，是虎峰場的主要市街，在和碎石馬路交叉形成的十字路口則為小鎮的精華所在。在戰前中央軍尚未進駐時，小鎮並不繁榮，但每逢農曆的二、五、八是這裡趕集的日子。四鄉的商賈，小販，從清晨起由四面八方到小鎮匯集，開始三天一市的熱鬧營業，反觀平日街上的店舖則冷冷清清。

虎峰場的人口以及街上的舖面雖然不多，但是倒有幾座頗具規模的大寺廟。寺廟香火並不興盛，也未見有眾多僧尼、道士。正因為如此，寺廟成了軍隊駐紮的好地方。

在街後的一座東嶽廟，是虎峰場較大的一座廟宇，好像有一個營的兵力駐在裡面，廟前的一大片空地被修成操場。每個星期天上午，駐紮在虎峰場幾座寺廟的所有部隊，

5 於河的兩岸，用繩子拉著船向前進。由下游往上游行船時，常採用此種方式前行。

都要到這座大操場舉行聯合總理紀念週。每有慶祝活動或軍民聯歡大會等，這個大操場就變身成為體育場，來容納小鎮上唯一的最高學府—虎峰中心國民學校的數百名兒童和一般民眾。

中心國民學校也沒有固定的校址，是在一座「文廟」內上課。文廟的結構為四合院，中間一排寬廣的殿堂，壁上繪有至聖先師孔子畫像，是所有老師辦公批改作業的地方。另有一間藥王廟，規模不大，軍隊的醫務所開設在內。說起來也真有趣，從前修建的寺廟，還真能配合後世的用途。

家搬到虎峰場住定後，父親對母親說：「我們不要再往西邊逃了，西康、西藏太遠啦，希望這裡就是逃難的終點站。」。沒想到父親的話真是一語成讖，四川省銅梁縣竟成了我的「故鄉」。已經不記得是那一位外國文學家說過一句話：「故鄉，就是祖先流浪最後到達的終點。」名言，名言哦！

在這戰亂時期，我們為了便於躲警報，父親向一位姓羅的地主家，租借了大院子西側的一排廂房，這就是我們日後的家。這廂房鑲有木門、木窗，木窗的小方格糊上了白紙，四壁均為土磚牆，塗上不甚潔白的石灰，屋內光線並不很好。雖然簡陋，但讓父母親最不能忍受的是「土地」濕氣很重。住了不到一年，全家人都患了疥瘡。四川人稱這種皮膚病叫做疳瘡，並且有一句順口溜說：「疳瘡加膿泡，三年六個月好一個。」形容這種皮膚病不易治好。

雖然我們住的廂房不盡理想，但鄉間的空氣很好，羅家院子又廣又大，成了我童年的遊戲場。院子前面有一個池塘，池塘裡種了很多荷花，池四周則種了很多楊柳樹，當荷花盛開，朵朵紅蓮，配上絲絲垂柳，景色美極了。院中還有兩棵結實纍纍的核桃樹，每當風吹搖曳就像是在招喚著我們。我們幾個小毛頭，時常聚再一起，趁著大人不注意時拿著竹竿打下一堆核桃。核桃成熟採收後並不能吃，必須等厚厚的一層外皮腐爛，露出堅硬的核，然後再將核敲破，才能吃到裡面的肉。由於是房東的樹，母親一再告誡我們，不准用竹竿打核桃。而核桃青而厚的外皮流出的汁，如果黏到手上，會將手染黑，幾天都洗不掉，一雙黑手，任誰都知道你偷吃核桃了。

羅家院子後面，是一片高矗雲霄，神秘的大竹林，由於竹子長得太高太密，林下暗森森的，沒有好眼力，可能會碰到意外，我曾親眼看見兩條大蛇纏在竹子上打架。而羅家的祖墳就在竹林中間，既黑暗又恐怖的竹林，沒有大人陪伴，我絕不敢一個人進入竹林。

羅家正中間的堂屋裡，供俸著一塊刻有「天地君親師位」幾個大金字的黑木神位，右側兩條長木櫈上，放著一具棗紅色的空棺材，據說是羅家主人羅老先生「百年」之後要用的，當時四川省鄉下大戶人家，都有這種為長者預置棺材的風俗，真不知道羅老先生每天看著那具棺材，心裏是什麼感覺？

在西側廂房裡我們住了兩年多。當時的陪都重慶，常遭日本飛機轟炸，虎峰場也會鳴鐘示警，不過鄉下的農人好像無所謂，繼續在田間工作，而我們全家則每聞警報都要逃到後山的「蠻子洞[6]」躲起來，形成極大的對比。

在這段時間家裡發生了一、二件重大事情。首先是樹榮姐以十九歲的妙齡少女，死於肺癆病。她原本身體就不好，一年多逃難的日子，旅途勞累，戰時又缺乏醫藥，更談不上調養。姐姐患的是肺癆病，我和妹妹年紀又小，雖說父母親深怕我們被染上，然而戰時生活的艱苦，哪有可能和家人分開居住，隔離生活呢？就在姐姐臨終的那天早上，父親把我和妹妹送到朋友家，一來怕屋內散發的空氣中有病菌會感染，二來不忍我們兄妹倆見到姐姐臨終時的情景而感到悲傷。鄉間既沒有殯儀館，我們居住的房子又是向別人租借，所以當天就立刻處理了姐姐的後事。我和妹妹晚上回家時，姐姐的床已經空蕩蕩，我們再也見不到姐姐了。

當三哥從重慶回來，我陪他到姐姐墳前燒紙上香，還沒將香紙點燃，三哥已泣不成聲，年幼的我也不知如何勸慰？只是陪著他一起哭。我心裡有數，姐姐和三哥是大媽所生，戰亂加上親妹妹病逝異鄉，他怎能不傷心呢。

家裡悲傷的氣氛持續了好一陣子，直到民國二十九年冬天，母親生了弟弟，家裡才又開始熱鬧了起來。因為出生在虎峰場，父親替他取名叫「鳴虎」。他是農曆十一月十四日生。四川的鄉下人通稱十一月為冬月，十二月為臘月。弟弟出生以後長得胖嘟嘟的，裹著厚厚的棉襖，人見人愛，鄰居給他取了個小名，叫「冬冬」，一直到他入學讀書，大家都叫他冬冬，父母則叫他「小虎子」。

掙扎的歲月

父親因年齡關係自軍中退休下來。由於當時並沒有一種好的退休制度，離開軍職後全家生活頓時發生問題。在離職之初，好像是向當地的公糧倉庫一次領了十來擔稻穀，以後每半年再遠赴成都軍校校本部領取少許的退休金。

抗戰時期軍隊裡的現役軍人，過著極清苦的生活，領些微薄的薪餉，退休以後，政府哪有很多錢照顧你。「一切為前線，一切為勝利。」、「軍事第一，勝利第一」、「意志集中，力量集中」，各種的標語到處可見，高響雲霄的愛國口號到處可聞。當時全國的民眾頗能體諒政府，大家都能咬緊牙關，共赴國難。那時也沒有什麼自力救濟，走上街頭。如果說有，也是一些高舉抗日標語，口喊抗日口號，支援前線的愛國大遊行。

我們一家五口就在極度貧困的日子裡生活。剛到四川時，我和妹妹都有一、兩雙皮鞋，可是小孩的腳丫子好像長得特別快，一年半載後都不能穿了，最初母親用舊布給我們做布鞋，以後新衣服買不起，也就缺少舊布做鞋子，便改穿草鞋。有一段時間還打著光腳板上學校去呢。生活之苦可想而知。

在璧山縣城外，有一所專為收容戰時兒童，由蔣夫人辦的兒童教養院。父親輾轉託人把筱君妹送了進去。那時才八歲的她，是父母親的掌上明珠，但為了減輕家中的人口負擔，只有出此下策。離家好壞不說，進去之後不僅管吃管穿，還可以讀書。妹妹送去以後，母親哭了好幾天。十三歲的我因為可以幫忙做些家事，替家中擔擔水，背著弟弟出去玩，因而沒有優先被送走。

母親很能幹，就在父親退休全家毫無收入，幾乎到了三餐不繼的境地時，她老人家拿出了北方人的謀生本領，在街上擺了一個小攤，開始賣大餅，賺些蠅頭小利維持家用。虎峰場是個很小的鄉鎮，平時街上很少行人，賣大餅的生意當然不好。如果是星期日軍隊放假，或者是農曆的二五八趕場的日子，才能多賣幾塊大餅。於是每天賣不完剩下的大餅，也就成了我們三餐的主食，那段日子每到吃飯時，看到鍋裡用菜湯煮的燴餅，我就想哭。

我家隔壁住了一位憲九團醫務所的趙主任，我們都稱呼他「趙伯伯」，他見我們一家人生活清苦，父親又是一位上校退休的老軍官，於是向父親建議，要我到他的醫務所當看護兵。我就在同樣為減輕家庭生活負擔，成為繼妹妹之後第二個被送出家門的孩子。

那時根本沒有兵役制度，只要主官同意，都可入營當兵。也可以光明正大的拉壯丁。這種「拉壯丁」的「徵兵」方式，一直延續到民國三十八年國軍撤守來台前，在浙江福建沿海一帶地區仍廣為流行呢！

到憲九團醫務所當看護兵的那年我才十三歲，小學五年級。一件二尺五[7]「丘八[8]」的小號灰棉軍服套在身上，袖子要挽二摺，脖子在領口中間搖晃，不僅不合身，也非常悶熱。即使是冬天，也長滿了一身蝨子。

雖在醫務所，但我什麼也不會做，最初只是掃掃地，倒倒痰盂，其他看護兵在操場演練各種救護動作，我這個小看護兵也不必參加。後來趙伯伯把我調到藥房練習司藥[9]，

7 軍裝上衣，多為二尺五吋長。
8 丘八這兩個字和在一起為「兵」字，指當兵的人。
9 藥劑師，醫院中專門負責付給患者藥品的醫務人員。

可我又不認識幾個橫行的「螃蟹文」，只好由司藥官將藥平均分好，我再把藥包成五個角的小藥包，發給病患。

有一次司藥官不在，病患前來取藥，我接過處方，看第一個字母是一個大「O」形的英文字，那時候醫官開的處方好像多半都是一些奎寧、阿斯匹林、甘草片一類的內服藥，於是我就包了幾粒阿斯匹林給他。司藥官回來發現我曾發了一份藥，便問我發的何種藥？我指著阿斯匹林的瓶子給他看，他驚呼說發錯了，應該是奎寧才對！便嚴正的警告我下次要多加注意。我嚇了一大跳，心想雖治不好病但也吃不死人。只是以後再也不敢自作主張取藥了。

父親後來經人介紹到重慶附近一家香煙廠工作。家裡只剩下母親和弟弟兩個人。生活雖未好轉，但相較以前，已經好很多。這時前方戰事吃緊，日軍已逼近貴州。蔣委員長號招全國智識青年從軍報國，在「一寸山河一寸血，十萬青年十萬軍」的偉大號召下，我所待的憲九團奉命調往百里以外的安居鎮。我也隨軍前往，此時真正離開了家。

憲九團駐在虎峰場時，我雖在醫務所當看護兵，但是部隊和家同在一個鎮上，離家又很近，想家了，可以隨時回家看看，或是晚上沒事偷偷跑回家同弟弟玩耍，只要晚點名以前回營就行。如今部隊開往百里以外，年齡只有十三歲的我，天天想家。三天兩頭的給寫信父親，嚷著要他把我接回家。時值抗戰末期，不僅軍人待遇菲薄，軍中生活更形艱苦，每天只吃兩餐，飯煮好以後，炊事人員吊一支秤，一簍一簍的，每簍飯都要秤過，以示公平。八個人一桌，分食中間一大碗明油煮的菜，其實哪來的桌子，八個人圍坐成一圈；而所謂明油，就是白水煮一大鍋菜，煮熟後在湯面上滴少許菜子油，放少許塩，下飯可以，談不上什麼有營養。正在發育時期的我，不到一年已面黃肌瘦，不再是個白胖小子。父母見我如此，也很心疼，請醫務所主任特准長假，離開了憲九團：我生平第一次當兵的單位。

駐在虎峰場的青年軍六〇一團，都是來自大後方各省的青年學生，也有一部份是各機關的年輕職員。一個叫做戰炮連的單位，聽說都是重慶市各銀行的職員。傍晚操課完畢，晚自修前，會有很多青年軍到小街上，或購物，或逛街。母親的大餅生意也比以前好很多。有時也會有人預定水餃，一次就是幾百個。忙得母親已經無法照顧生意。累積多年的勞累，母親終於病倒了。父親便辭去重慶煙廠的工作，回家照料母親。

02

離鄉背井奔前程

PERSONAL
MEMOIRS

投身軍旅

民國三十四年仲夏以後的一個黃昏。各駐紮青年軍的寺廟裡，突然燃放起長串的鞭炮聲，鑼鼓喧天，官兵大聲的歡呼。原來是日本帝國主義宣佈無條件投降。第二天由重慶發來的中央日報和號外同時送達虎峰場。小鎮上的軍民們，歡欣鼓舞幾達沸騰。

在往後的一段日子裡，人們談論的都是有關勝利以後的一些事情。父親和母親也曾討論過是否回老家的話題，但好像也沒什麼結論。

八年抗戰結束了，還鄉最重要的是交通問題。更重要的是錢的問題。有錢走遍天下，沒錢寸步難行。八年前入川時，母親腰間纏著法幣，皮箱裡塞著黃金的好日子，一去不復返。

勝利既然不能還鄉，居住在虎峰場這種偏僻的小鄉鎮，省吃儉用生活雖清苦，也必須熬下去。父母親帶著我們幾個孩子，也就不再有任何的搬遷打算。

農曆年以後，虎峰場開始一年一度的新年龍燈遊行晚會，是由八、九個大漢光著身子，高舉著兩條竹子編製的龍燈，從街的一端，搖搖擺擺走向街的另一端。街道兩旁有人用火爐將生鐵片溶化成紅紅的鐵水，一小勺、一小勺的往空中拋去，待鐵水落下時，另一名助手用木板猛擊，落下的紅鐵水在空中散開，像雨點般灑落到舞龍者身上，舞龍者邊走邊跳腳，使落在身上點點發光的紅鐵水彈落地上。另一旁則有人利用竹筒灌進黑色火藥，一端插入導線點燃，朝向巨龍噴出火花。屋簷下的男男女女、老老少少，尤其是小孩，無不歡呼、尖叫，熱鬧極啦！

這種簡單的舞龍遊行，從正月初八一直到十二日共舉行五個晚上，一天比一天熱鬧，十二日晚上達到最高潮。從十三日開始，虎峰場的新年算是過去了，鄉民開始正常的作息。

那年，民國三十五年。舞龍後的第三天，正月十五元宵節晚上，家裡既沒有吃元宵，也沒有多加幾個菜，只是母親異於往常的在桐油燈下忙著替父親，弟弟和我整理行囊。因為第二天弟弟和我將隨父親到住在綦江縣的三哥家去。

勝利那年，斷斷續續讀了七、八年小學的我終於畢業了。家庭經濟環境無法讓我到銅梁縣城讀初中。十五、六歲也不能再在這鄉村小鎮鬼混，學手藝嘛！虎峰場既無工廠，也沒有大的商號；放牛，自家無牛可放。父母親幾經商議，決定要我去投靠三哥。能有機會讀書當然很好，如果不能讀書，再當兵，或做學徒都行。

正月十六日清晨，我揹著一個帆布包，拉著弟弟的手，跟著父親離開了家。走過虎峰場下坡的小街，踏上通往西溫泉到壁山的碎石馬路。母親含著淚送了我們足足有二、三里路長，走過蔡家橋，父親便不要母親再送，弟弟不知別離苦，一蹦一跳的走在前面，父親輕拍著母親的肩膀說：「回去吧！」我向母親揮揮手，趕上走在前面的弟弟，走了一段路再回頭，看見母親仍站在橋上望著我們。萬萬沒想到，我們母子竟成永別。兩年後，我在杭州青年中學讀書時，母親病逝虎峰場。

軍校十三期畢業的三哥，在青年軍成立的那年已調任二〇二師工兵營副營長，住在綦縣附近的橋河鄉。抗戰時期因為運輸工具缺乏，交通不方便，部隊離家遠，三哥平時很少回家，和家人已有好幾年沒見面了，只知道他又娶了一個當小學老師的三嫂，婚後三嫂也替我家生了一個乖巧的姪女，由於出生在綦江，取名汪 江。

父親帶著兩個弟弟的光臨，雖然給三哥的小家庭平添不少熱鬧的氣氛，但也為他們增加了不少的負擔。本來他們三口之家，以當時軍人的待遇，一個少校副主官生活已不寬裕，如今又增加了老少三口，開銷相對增多。

三哥的頂頭上司—工兵營鄭營長，正巧是父親當年任隊長時的學生，見面後「老隊長、老隊長」的待父親非常客氣，也很尊敬。但有一件事卻令三哥很不諒解，在我們到達後不久，鄭營長下了一道手諭給營部軍需：規定凡未經營長批准，任何人不能借支薪餉。也許是三哥敏感，認為此事是衝著他來的，父親卻不以為然，對三哥說：「寅吃卯糧並不是好現象，薪餉少不夠用，節省一點就是了。」就在三嫂省吃儉用開支下，以一個少校副營長的薪餉勉強維持六口之家。此後父親也不便再提起讓我讀初中的事了。

六月四日青年軍戰後復員。在這以前三哥和父親商量希望在他營裡為我補一個二等兵的缺，除了有米糧之外，每個月還有幾十塊錢可領，對家中生活不無小補。於是就在這種情形下，我又第二次入營當兵。

三哥是一個很愛面子的人，認為自已當副營長，弟弟當兵，是一件不體面不光彩的事，加上他又怕別人講閒話，又或許還有其他原因，他替我呈報姓名籍貫時，將我的名字「汪鳴九」改報為「汪燕傑」，取燕趙豪傑之意，籍貫則將「北平市」改為抗戰八年所居住過的「四川省銅梁縣」。父親既然沒有說什麼，年幼無知的我又懂什麼！沒料到就這麼一改，改變了我的一生，也包括了我的子孫後代。往後的各學經歷證件都以此籍貫為準。

我入營時雖然青年軍尚未復員，但當時已抗戰勝利，對於政府給予青年軍復員後的一切如就學，就業等優厚待遇，我都無法享受，而被列為第二期青年兵。

三哥對於我的學業非常重視，常常教我一些初一的英、數、理化等功課。要求我寫毛筆字，常說：練字要有百日功，要常寫才有進步，可不論我再怎麼練，總是很少有進步，他曾感嘆的說：「大概天賦不夠吧！」，為了讓我有機會進學校唸書，他也煞費苦心。有一次他得到一個消息，一位工兵營復員後待命往青年中學就學的青年兵離開了。如果能頂替這個人的空缺，我就可進入青年中學讀書。於是他立刻派了一名部屬拿了他的信函，讓我帶往夏令營，請營主任，也是三哥的同事，將我留下頂這個缺。不巧的是，這名缺二天前已呈報上級剔除了。我只好再回到三哥家。事後想一想，幸好當時這件事沒成功，不然再被三哥改名換姓補這個缺後，現在我已經不姓「汪」了。

短暫的金色年華

秋天，青年軍二〇二師奉命調往江蘇京滬一帶駐防。父親和弟弟已在數月前，因母親病重住進重慶歌樂山醫院而離開了三哥家，只有我跟著三哥一家人來到蘇州。

工兵營駐紮在蘇州閶門外的西園寺。三嫂帶著小江在閶門外一條叫南丁家巷的弄道裡租了一間於二樓的房住下。這時三哥已晉升營長，無法照顧家庭，只好由我留在家中幫忙一些家務，但其實我什麼也不會，只是幫助三嫂照顧姪女小江而已。我常抱著她到閶門附近的幾家電影院看免費電影。先前在四川鄉下住了八年，只看過一部好像是叫「愛的火花」聲光都不佳的露天電影。如今可過足了電影「癮」，當年的「出水芙蓉」、「鐵騎劫美」、「反攻緬甸」等外國彩色影片，至今仍記憶猶新，印象深刻。

民國三十六年，二〇二師奉命至蘇北一帶招考第二期青年兵，為了擴大宣傳，在先期入伍的「老」兵中，由國防部預備幹部局派人來師裡舉行了一次考試，錄取四十人送往設於杭州的青年中學讀書。機會來了，如果我能考取，便能入學就讀減輕家裡的負擔，於是我抓緊時間唸書，想在這次考試中有所表現，好在三哥平時督促我學習，於是我成了工兵營被錄取五人當中的一人。

最高興的莫過於三哥了，雖父親未再提過，但我想三哥一直把供我讀書這事放在心上，覺得是自己的責任，如今終於可以實踐了。他立刻寫信回四川，告訴家中的父母親，終於讓我進入學校讀初中了。

設於西湖畔的青中，它的全名是：「國防部預備幹部局特設杭州青年中學」，位於膺白路上的柳浪新邨，該新邨因建在西湖十大名勝之一的「柳浪聞鶯」附近而得名。牆外就是西湖，學校後門緊鄰錢王祠，站在錢王祠大門前的湖堤上，蘇堤，白堤隱隱可見，湖心亭，三潭印月，就在不遠處，湖對岸的山上有一座保俶塔，與我們學校「柳浪新邨」遙遙相對。我就在這個聞名中外，風景如畫的西湖邊上，幸運的開始我又一次的學生生活。

杭州青中的學生全部都是青年軍第一期復員後就學者，只有我們從二〇二師招考來的四十個同學屬於第二期青年兵，並且從初中一年級開始唸起，由於上級規定不再招生，後無來者，學期考試成績不及格者也不能留級，只有退學一條路。學生除享有一切公費外，每個月還可以領到一份二等兵的薪餉，公費待遇之優厚可以說全國之冠。也可說明政府對當年響應「領袖號召之十萬青年十萬軍」復員後照顧之德政。

三哥常常寫信來鼓勵我，要我珍惜這得來不易的讀書機會，努力向學。我也頗能自勵，記得第一學期的英文成績我考了九十八分。

住在聞名天下的風景區而不攬勝，那是騙人的。每個假日，邀約三、五同學徜徉於青山綠水之間，近者如南屏晚鐘，平湖秋月，虎跑泉，遠的如錢塘江畔，六合塔，九曲十八澗都有我們的足跡，就連傳說中法海和尚鎮壓白蛇娘娘的雷峰塔，以及梁山伯祝英台讀書的地方，雖然已空無一物，我們也曾去憑弔一番。總之，那是我青少年時期一段美好而值得回憶的日子。每逢寒暑假，我就會回蘇州三哥家，直到後來他離開二〇二師，調往台灣，三嫂帶著女兒也跟著把家搬往台灣鳳山。

三十七年暑假，接到父親來信，信中說母親已於一個月以前病逝虎峰場。為了怕我傷心，也知道我沒有路費趕回家給母親送終，所以等把一切喪事辦完以後才寫信告訴我。

當年離家母親送我出門時的一切情景，都瞬間湧現眼前，我買了一小塊黑布帶在手臂上，一個人魂不守舍的來到了西湖邊，望著令人癡醉的美景，我卻滿腦子想著沒能盡的孝道，眼前的美景好想讓媽媽也瞧瞧，就這樣，我在岸旁的柳樹下哭了不知道多少回。

華北局勢逆轉，社會上因「金圓券」[10]貶值使得物價節節高升。為了穩定金融，蔣經國先生奉命在上海市執行強勢的整頓金融作為。對於擾亂金融，抬高物價，囤積居奇等不法份子、商賈巨戶給予徹底的打擊。當時「蔣經國在上海打老虎」，頗獲一般民眾的支持與喝采。

因為蔣先生曾任青年軍政治部主任，又擔任過國防部預幹局局長，與我們青年中學的學生，可以說有很深厚的淵源。因此同學們對於這個「打老虎」運動，格外支持和響應。有些同學甚至利用週末假日，坐幾個小時的火車，到上海做些義務宣傳工作。

「金圓券」貶值以後，靠公費賴以維生的青年中學的學生，生活條件已大不如前，

10 金圓券是中華民國政府在1948年8月至1949年間所發行的一種法定貨幣。由於準備不足加上未嚴格實行限額而導致惡性通貨膨脹。政府於金圓券發行初期，以行政手段強迫民間以黃金、外幣兌換。

主食大米雖然可以按月領，但是油、塩、燃料、蔬菜等副食品必需用錢購買。有一段時間的早餐，八個人一桌只有二小塊豆腐乳，然後每小塊再分做四等份，每人一小份配二碗稀飯。

那時候每個同學的口袋裡，都裝了一小瓶的塩，豆腐乳吃完了，掏出小瓶撒點塩在稀飯裡，繼續吃剩下的稀飯。什麼叫營養？能填飽肚子就很好啦。

徐蚌會戰後，傳來了青年中學要停辦的消息。同學們各個人心惶惶，還沒放寒假，校方便證實了這件事，學校雖停辦但不解散。除自願離校者外，全部改編為「預幹總隊」，並遷往滬杭線上的嘉興。

學校停辦，同學們不能繼續升學，引起部份同學的不滿。但是預幹總隊畢業後能再分發部隊擔任軍中的基層幹部，也不失為對個人的另一發展。國家已到如此地步，也只有聽從上級的安排。

預幹總隊的學員，來自「杭州」、「嘉興」兩所青年中學停辦後轉來的大部份學生，以及青年軍在河南一帶作戰轉進後收編的青年兵。從兵器課程開始，到排戰鬥教練等等，使同學結訓後能充任部隊的基層幹部、帶兵、打仗。總隊長是曾任國防部預幹局局長的賈少將。此君湖南人，口才極好，每次集合部隊訓話，雖長篇闊論，學員們都聽得津津有味。他頗懂群眾心理，和官兵生活打成一片，沒有大官的架子，也很能抓住學員的心。記得有一次對部隊訓話時，問台下的學員有何意見，有一位同學當場提出自己對當前局勢的看法，他在司令台上竟說：「好！我擁護你做黨魁。」在那段時期裡，他常在對學員的講話中談到要大家「自力更生」這一類的言論。

前方的戰事節節失利，共軍即將渡江的謠傳亦甚囂塵上。就在這風雨飄搖動蕩不安的節骨眼上，一天深夜大家都已熄燈就寢，從總隊部傳來「有情況」的命令，要大家全副武裝，打背包，即刻出發前往浙東。當時總統 蔣公已下野[11]，居住奉化溪口家鄉，我們這一批他當年號召成立的青年軍子兵，在此戰亂時期開赴浙東，當然是去保衛他老人家。大家得到這個消息都非常興奮。

11 執政的人解職下台。

賈老總　假老總

我深刻的記得那天是民國三十八年四月六日的深夜，我們這一群毫無作戰經驗的學員，扛著槍，撐著沈重的背包，手中拿著個人所有的細軟，整隊徒步離開了嘉興東大營。由於是非常倉促的出發，又不是行走公路，部隊奉命沿著運河邊的小徑前進，不到中午時分，大部隊已被分散成無數小段。因為沒有完整週詳的行軍計劃，各級指揮官已無法掌握部隊。更糟的是炊事人員不知在何處？出發前的一頓稀飯，早已消耗光了，午飯晚飯根本沒有著落。又餓又累，疲勞不堪。我從來未曾接受過這種沒有吃、沒有喝的長途急行軍訓練。雖然隊長不在我們隊伍附近，仍有部份由同學選出的自治幹部掌握大家的行動。偶爾運河中有船經過，都被攔截下來，載運我們向前跟進。

出發後的第一天傍晚，船行駛到一處小村落靠岸。岸邊已有先到的人指揮我們上岸，並且按預先分配的地區集結休息。每人發了一份乾糧充飢，也沒宣佈晚上是否在此紮營，有些體力不支的同學，便打開背包開始睡覺。天黑以後，部隊開始集合，總隊長要向大家訓話。雖是一片漆黑，感覺上好像部隊都到齊了。指揮官整理好隊伍向總隊長致敬後，總隊長下口令要大家就地坐下，然後開始訓話，當他的話尚未進入正題，講了只不過三、兩分鐘，部隊四周槍聲大作，「塔、塔、塔、塔」的機關聲，咻咻咻的子彈好像就從身邊擦過。很少聽過槍聲的我們，提起槍就跑，也忘了身邊的背包和一切東西。隊伍雖做鳥獸散，但夜暗中仍聽見有指揮者喊著：「XXX，跟我來。」的口令。

從此以後隊伍更形零亂，連夜我們踏過水田，越過山野。就這樣沒吃沒喝也沒有休息的又走了幾天幾夜。事後我們才發現當晚集合時的一陣槍聲是賈總隊長預先設計的，他深深了解我們這一群沒有作戰經驗的學生兵，只要在黑夜裡聽見密集的槍聲，再加上有人帶著跑，必定扔掉很多不必要的物品，減輕每個人行軍時身上的負擔。他深知群眾心理，為了討好學員，在出發前他故意不宣佈不准攜帶個人物品，而是在行軍疲勞後的夜晚來上這麼一招。

也不知走了幾天幾夜，我們到達了杭州北方的莫干山。大部隊早已變成了數十人一組的零散小部隊，每一個小部隊的成員也並不是同隊的同學，有些互不認識。同學中有人發現，往浙東奉化應該不會行經莫干山，方向恰好相反。但大夥兒實在太疲勞了，無心思考這麼多，最大的希望就是填飽肚子然後好好睡一覺。也不管下一步該往那兒走好，反正都已經脫離了隊職官的掌握。

莫干山是夏天避暑的勝地，很多有錢人家在山上有別墅，在這初春季節都空在那裡。我和幾個同學設法打開了其中一棟，痛痛快快睡了一晚。

第二天早上，我們被天空傳來轟轟的飛機聲吵醒，接著從飛機上扔下很多傳單。傳單像雪花般從空中散落，我們拾起傳單一看，上頭寫著我們這個預幹總隊在賈總隊長的帶領下要向共軍投降。

「這寫的什麼玩意啊！胡說八道！我們怎麼會是要去……」話還沒說完便恍然大悟，可真是駭人聽聞！賈老總原來是共產黨早已派來臥底的人。真是好險我們和軍隊走散，否則如今可是插翅也難飛啊！

青年軍不愧是一支忠貞不二的革命軍，大家獲悉原委之後，並未誤入歧途，而是成群結隊的下了莫干山。山下公路上早已停放著數十輛軍車，把我們運往杭州，再改乘火車返回嘉興東大營。結束了這場荒謬的鬧劇。經清查人數重新編隊，全總隊只少了十餘人，都是賈老總的核心份子，隨他投靠共軍去了。那位在集合時發言，賈老總要擁護他做「黨魁」的學員也跟著不見了。

南遷

江陰要塞的叛變，使共軍輕易的渡過長江，已逼近無錫、蘇州。整日有國軍的戰鬪機飛經嘉興上空，支援蘇州一帶地面作戰的國軍。

我們預幹總隊奉命南遷。由上海兩路局調派來的一列運煤火車，停靠在嘉興站月台的盡頭，準備載運我們近二千名的官兵員生，沿浙贛路往南方遷移，由於部隊調動屬軍事機密，目的地何處?同學們都不知道。

整列火車除了機車頭[12]的駕駛台以及最後一節守車[13]是有頂的車廂外，其餘二、三十節都是運煤的敞篷車。當時沿這條鐵路南遷的單位太多，加上為數不少的難民，鐵路運輸當局已無法提供客車車廂做為運兵之用，能有敞篷運煤車將沒有作戰任務的軍事單位撤離共軍日益接近的滬杭一帶，已經很不容易。

兩、三個區隊分配一節車，每個人只有一個可以坐在背包上，坐累了在原地站起來舒展一下筋骨的那麼一個小空間。當時，好像是江南的梅雨季節。在敞篷車上淋著傾盆大雨，棉軍服濕了又被吹乾，乾了又被淋濕。第一天晚上火車在京華站停下來、幾位同學找來了一大張用薄竹片編的竹蓆搭在車皮上，左右捆綁牢固，中間凸出成一個半圓形的車頂，這種克難的車蓬防日晒勉強可以，防雨則毫無效果。可能是大家年輕體壯，雖經多日風吹雨打，我們這個區隊四十多人竟沒有一個感冒、著涼的。

我們每十二個人編成一班，開班伙，每四個人負責煮一天飯，早上開車前，煮好上午一餐的飯菜，吃飽後開車。晚上到達另一站，煮當天的第二頓飯，並採購第二天的蔬菜。全總隊近二千人都是以這種開班伙的方式解決這趟鐵路運輸的民生問題。每到一處，只要上級宣佈：「今晚在此宿營，明晨八點準時開車。」大家便要立刻找民房住宿，還要找炊爨位置，那種紊亂的現象可想而知。

從杭州到廣州火車正常的行駛時間大約兩天多應該可以到達。可是我們大隊人馬要

---

12 火車頭。

13 守車指貨物列車最尾部，供隨車人員乘座以及協助觀察車況的工作車。

煮飯、要領糧、要採購副食品、晚上要宿營、有時要讓其他列車先行、有時在某一個站不知為什麼「無緣無故」的停半天。就這樣停停走走，走走停停，大約半個月後我們才到達廣州。再經海運到廈門，最後到達福建漳州，繼續未完成的訓練。

自從四月份以後，由於總隊的頻繁調動，沒有固定的駐地，我也疏忽了寫信回家向家人報平安。遠在四川的父親、西安的大哥、以及住在台灣的三哥都和我失去了連絡。當他們也從報紙上看到賈老總帶領預幹總隊上莫干山的消息，因此非常擔心我的安危。當時最糊塗、也最可惡的當然是我，為什麼不每到一個地方，簡單的寫一封信回家，告訴家人自己的行踪呢？害得年邁的父親四處寫信打聽我的消息。數十年後的今天，當我的孩子長大成人在外工作，這時我才領悟出「父母在，不遠遊，遊必有方。」這句古訓的含義。

在漳州經過一段短時間的整訓，我們總算完成了幹部訓練。可是結訓畢業後，大家並沒有分發部隊擔任基層幹部，而是改編為突擊總隊。全體學員都以准尉突擊隊員任用。光聽這個「突擊隊員」名字，大家都知道將賦予作戰任務，所以心情都非常振奮，認為今後再不必接受那種鬆垮垮又無啥意義的訓練了。然而事與願違，自從改編突擊總隊後，終日無所事事，經常三五成群到處遊蕩。幾個月發一次餉，無標準、無定額的領一、二個銀圓。

這種閒散的生活，對於一個當時只有十九歲的青年來說，過得實在乏味。我突然有些想家了。我寫信給父親，大哥和三哥，可是都得不到他們的回信。我開始感到非常著急，不知如何是好？

突然有一天接到三哥從台灣寄來的信，說他已調離原單位，我給他的信經過數次轉遞才送到他手中。他已將我的消息和信轉寄給遠在西安綏靖公署任職的大哥。三哥在回信中告訴我：「父親年老體衰，一個人帶著年幼的弟弟妹妹，家中又無收入，在虎峰場已無法生活下去。數月前已搬到陝西漢中，投靠大哥。並在信中提到，希望我有機會能到台灣去。」我立刻給三哥回信，表示想去台灣的意願。我也給父親和大哥寫信，報告我的近況。不久他們都回信了，大哥希望我設法到陝西去，儘快回到父親身邊。在這兵荒馬亂的年頭不要再讓父親擔心。他在信中還畫了從福建到陝西所要經過的省份和路線，在信的最後特別囑咐我：「如果沒有路費，千萬不要冒然成行」。

在父親的回信中，則告訴我近半年來家中的情形，自母親去世後，家中老少三口，在虎峰場的家既無恆產，也無收入。遠在他鄉的兩個哥哥，以當時軍人微薄的待遇，拖家帶眷生活本已艱苦，哪還有餘錢寄給家中父老。在幾乎快要斷炊的情形下，父親向當地的友人借了少許川資[14]，帶著妹妹和弟弟，搭上往西安的黃魚車[15]。

當時西安已經吃緊，西安綏靖公署在漢中成立指揮部。指揮部和所有眷屬均住在一所小學校裡，筱君妹當時只有十五歲，已長得亭亭玉立，這麼一位大姑娘同哥哥嫂嫂住在一起總是不太方便，又沒有母親，有些事情父親也不便照顧。再加上大哥大嫂已有兩個孩子，全家人靠在公署指揮部搭伙取回少許飯菜維持三餐。大哥已經幾個月沒有領薪餉，日子難過可想而知。

西安綏靖公署有一位警衛團的副團長劉顯廷，軍校十二期畢業，和大哥既是同期同學，現在又是同事，尚未結婚，經人介紹並向父親提親。父親心想當此戰亂時期，帶個大姑娘東奔西跑的逃難也不方便，於是也經過筱君妹同意而答應了這門婚事。

筱君妹和劉顯廷結婚不到一個月，劉顯廷即升任警衛團團長，同事們的太太都誇筱君妹命好。

與失去連絡的父兄相繼獲得訊息後，我的心情為之一振，對於自己的未來也做了一番謹慎思考；現在只有「東」、「西」兩條路可走。

往西可與父親見面，但是依當時的情形看，國軍戰事已有移往西南的趨勢，整個西北已在不穩定的氣氛中，即使我有路費能趕到陝西，誰也難保到時候他們已遷往西南或更遠的地方。但也因為這樣，使我當時沒有選擇回到父親身邊，然而這個決定也使我這一生再沒機會見到父親。

往東，到台灣去不失為一正途。決心既定立刻寫信告訴三哥。這時正好他有一位交情最好的軍校十三期同學，梅先生，以前二人同時期在青年軍二〇二師當營長，後來又同到南京國防部三廳任職。這位梅先生到台灣後在鳳山五塊厝三四〇師當副團長。團長

14 旅費、路費。

15 人力車。也稱黃包車。

奉派往廣州招募新兵，由他代理團長職務，於是三哥請這位梅副團長寫了一封介紹信寄給我，要我携往廣州招兵處，找招兵處主任陸團長，請他協助來台灣。

當時的突擊總隊因為沒有固定的任務，生活渙散，只要瞎編一個理由，即可離營他去，另謀出路。不告而別者也為數不少。為了籌措去廣州的路費，我四處想辦法湊錢，最後一位張姓同學借了我他僅有的一點積蓄—一枚五分重的小金戒指。變賣後，帶著此恩來日必相報的心，在廈門搭上一艘小商船，經汕頭到達廣州。

在一所小學校裡找到了「陸訓部招兵處」，將梅副團長的介紹信呈遞給主任陸團長，原來陸團長也是軍校十三期畢業，見到代理自己團長職務的副團長介紹信，便對我照顧有加，我領了軍服軍毯等簡單裝備，候船赴台灣。

03

客居蓬萊數十秋

PERSONAL MEMOIRS

海的彼岸

共軍渡江後，很多政府單位已南遷廣州，並繼續做遷往台灣的打算，因此在廣州候船的單位很多。久久無法獲知船期，招兵處結束在廣州的工作後，又過了半個月我們才在黃埔擠上一艘貨輪。在廣州等船的這段日子，有一件重大的事情發生在我三哥家，而我還茫然不知，殷殷期盼到台灣和三哥相逢。

中秋節前兩天，我終於在高雄港登岸，駐進市郊的五塊厝營房。當時已深夜，雖然經過了兩天兩夜的海上航行，又在高雄外海等了一天一夜才進港，身體已非常疲勞，但是躺在床上卻興奮得輾轉難眠，一想到天亮以後就要和三哥見面了，又時逢中秋，人家說月圓人團圓，未來一幕幕美麗的遠景呈現眼前。

剛闔上眼，刺耳的起床號響起，東方已見曙光。早點名後待命編隊，我迫不及待向連長請假要去見梅副團長，連長詢問了原因，要我一個小時之內回來。團部就在同一棟營房的南側，衛兵引導我到梅副團長的辦公室。以前住在蘇州時，梅副團長常來三哥家聊天，早已認識我，不過那時候我還是個小孩子，我們已有好些年沒見過面。

「報告！新兵汪燕傑請示進入副團長辦公室！」入內後，梅副團長看到我，便請我坐下。

「你三哥一家人二十天前，已經坐飛機回四川。」我都尚未開口，梅副團長就告知我。他看我一時反應不過來，便接著說。

「你三哥臨走時給你留下新台幣十塊錢和一床棉被、一頂蚊帳。棉被和蚊帳都放在我家裡，這十塊錢你先拿著。」說著就從口袋裡掏出十張一元的新台幣給我。

這可真是晴天霹靂。聽了梅副團長的話，我整個人都「癱瘓」了。剛滿十九歲的我，才經歷了烽火戰亂的遊子生活，飄洋過海來到台灣，原以為能和兄嫂團聚，即使不能繼續讀書，能考上軍事學校也不錯呀！如今在這個海島上，舉目無親，將如何是好？畢竟我太年輕，對這種突如其來的打擊實在無法承受。梅副團長看出我當時的心情不好受，也一再安慰我，即使如此，我也確實不知今後如何是好？

三哥在這個節骨眼上離開台灣返回四川，受我三嫂的影響極大。三嫂是四川綦江縣人。家裡只有一位寡母，和公婆，大伯小叔等住在一起。在這種大家庭裡生活，自己又是一個寡婦，其生活的無奈可想而知。唯一的一個女兒嫁給軍人遠居台灣。加上當時大陸局勢逆轉，眼看共產黨即將入川，兵荒馬亂、人心惶惶，於是三哥的這位岳母大人三天兩頭的來信要三嫂即刻回川，又在當時「確保西南」、「確保台灣」二大口號下，三哥毅然把老婆孩子送回四川他岳母家。就在他們抵達綦江不久，四川淪陷，最後整個大陸風雲變色。從此再也無法獲得他們的消息。

從梅副團長的口中，這是我所知道三哥離開台灣的唯一原因。計算一下他們離開台灣，在廣州轉機回四川的日期，正好是我在廣州等船準備來台的時間。如果當時三哥三嫂有心將我帶回四川，當年我可能已回到父親身邊。話又說回來果真如此，身陷大陸四十年後，我這後半輩子的「歷史」可要改寫為：「不堪回首話當年」了。

當年對於三哥離我而去，置我於不顧，我內心存有頗多的不滿。說實話對三哥的這種情緒持續了很多年。但我們終歸是親兄弟，有一種解不開的手足之情，再加上我青少年時期都是在三哥的照顧下長大，如此的恩情我又怎能恨三哥多久？而後，在海的彼岸不斷傳來了一些諸如「三反、五反[16]」、「清算鬥爭[17]」、「土改、勞改[18]」、「文化大革命[19]」……等等，數不盡的政治運動訊息後，我不但不再對三哥不滿，反而激起了對他的關心和憂慮。因為他曾是中央陸軍軍官學校蔣中正校長的學生，也是他老人家所號召的十萬青年子弟兵的忠實幹部。如今羊入虎口，不被機關槍「點名」才怪。

16 「三反」：指反貪污、反浪費、反官僚主義。「五反」是指反對行賄、反對偷稅漏稅、反對盜騙國家財產、反對偷工減料、反對盜竊經濟情報。

17 中國共產黨指發起運動整肅特定對象的術語。

18 勞動改造：對入獄者強制執行的體力勞動，來達到管理者認可的目的。

19 毛澤東以革命名義攻擊黨內不同派系，推動無產階級文化大革命，動員紅衛兵在各地進行階級鬥爭，並尊毛澤東為最高領袖。

紅短褲　打赤膊

投靠三哥不遇，唯一的一條路就是安心的在部隊待下去。我是隨廣州招兵處新兵來台，理所當然在部隊當兵。經過短暫的集訓，我被編到輸送連當二等運輸兵。

民國三十八年在五塊厝成立的新軍步兵團，全團沒有一輛汽車，只有我們輸送連有十幾台手拉的木輪車。買菜、領米或者團本部需要運送一些軍需物品，都由我們這一群運輸兵穿著紅短褲，打著赤膊，拉著笨重的木輪大車擔任運輸任務。

「紅短褲、打赤膊」是當年鳳山新軍除了戰鬥教練或者是大部隊集合以外，所有操課的標準「著裝」規定。凌晨起床號一響，值星官緊接著一長聲哨音後，拉大嗓門喊著口令：「注意！十分鐘後，穿紅短褲，打赤膊，在連集合場集合。」

當初對於這種簡單的「服裝」，感覺很不習慣，尤其是我們輸送連，有時候需要拉著大車到鳳山大街去領米或搬運物品。光著膀子只穿一件紅短褲，走在大街上實在不好意思。經過很長一段時間後才慢慢適應。

亞熱帶的南台灣，太陽特別厲害，幾個月下來，這簡易的「軍服」，已經使每個人的皮膚變成了古銅色。這種「男性美」的背後，不知歷經了多少次的艷陽高照，脫了幾層皮才換來的。

初到台灣正是秋高氣爽的季節，在大陸的西南，國軍卻正進行著一場生死存亡的戰鬥，我的注意力多集中在報紙上所報導有關四川、雲南一帶的戰況。因為我的家人當時全都在那個地區。有一天連長交給我一封電報，是父親從成都拍來的，上面寫著：「我乘西安綏公署飛機飛台北，速找房並接父。」幾個字。這可真是一個天大的好消息！第二天我立刻到五塊厝的小街上找了一間小屋，租金每月十元。如今我已有能力爭錢照顧父親，一邊打掃著住所，一邊想像著父親來台之後我們生活的樣子，將房子整理乾淨後準備迎接父親的到來。

我之所以沒去台北機場接父親，一是因為沒有路費，二是由於不知父親到達的確實日期。只好在營房等候進一步的訊息。可是左等右等就是沒有父親到台灣的消息。日日夜夜盼著能再與父親重逢，一直到整個大陸變色，都沒有再得到父親的音信。不知是飛機出了意外？還是根本沒搭上飛機？

對於這件事，多少年來始終使我無法釋懷。

當時成都吃緊，劉顯延以警衛團團長的身份，好不容易弄到兩張機票，準備送妻子和岳父撤退到台灣，但因為只有兩張機票，不得已只好將九歲的鳴虎弟託付給大哥大嫂，父女倆含淚登上飛機。由於當時的情勢緊急而混亂，登機的人太多，飛機因超重而無法起飛。父親又因為對拋下九歲的么兒不顧，於心不忍而哭泣不已，在這種情形下筱君妹便扶著父親走下了飛機。後來聽說那架飛機並沒有飛來台灣，而是飛往了海南島。父親雖然下了飛機，可是，從那時起，直到多年後他老人家病逝，就沒有再見到他的么兒鳴虎，因為大哥一家人也不知在戰亂中奔往何方。

這些事都是四十多年以後，當我再度踏上歸鄉探親之旅，和筱君妹重逢，才從她口中得知。

三哥離開台灣以及父親來電報說要來台灣的訊息成空，都讓我深受打擊，眼下我能做的便是好好的在軍隊待下去。當年在部隊裡，除了一個共同的目標：「反攻大陸」，個人幾無其他的雜念。那種緊張的軍事訓練中，你又能想些什麼？其中少數一、二個人因為體力不能適應，或者意志不堅定而開小差的以外，絕大多數都能接受艱苦的訓練。

有一次戰備長行軍，我們走了八天。部隊從台南旭町營房出發，沿縱貫公路經鳳山、屏東、潮州、折返到旗山、關廟，再回到台南。

當時的縱貫公路上汽車很少。起初大家沒經驗，都往柏油路面的兩旁行走，因為路面平坦，好走。但是天氣熱，氣溫高，我們又是穿的薄底膠鞋，在熱路面上走了不到一天，腳底就起了姆指大的水泡，水泡破裂後，疼痛難忍，大家仍然咬著牙，揹著槍和背包繼續前進。

連上有一位同志，在第一天宿營時，發現腳底起了好幾個水泡，心想以後還有好幾天行程怎麼辦？哭著請特務長替他買一雙有「彈簧」的球鞋，我們這位特務長找了幾條街，也沒買到有「彈簧」的鞋子。後來才知道這位同志要買的是當時很稀少的，海綿襯底的球鞋。

八天的行軍訓練的確辛苦，可是最苦的並不是最後兩天，而是開始的前一、兩天，當最後一天從關廟返回台南的那一段，大家幾乎是用一種小跑步的速度衝回營房，沒有一個人落伍。

往後我們又接受了山地訓練：揹負著重裝備、登高山、爬峭壁。也參加過兩棲訓練，演練人員武器的裝載，兩棲登陸搶灘等戰技。

開始寫日記是我當時下定決心養成的習慣。一支新民牌的自來水筆，在從廣州到高雄的海船上，不知丟到那裡去了。真是「投筆從戎」，沒有鋼筆，當時原子筆也不流行，買了一支必須經常換筆尖的蘸水鋼筆，一小瓶銀行牌的藍墨水，趴在大通舖上寫了好長一段時間。利用操課之餘，我也看了很多書，盡量充實自己。到民國四十年，兩年之內我由一名小小的二等運輸兵，晉升到文書上士，這已是當時士、兵中的最高階。

文書工作必須每日伏在桌前謄寫，如果沒有適當的運動，對健康很有影響。於是我學會了打籃球，也學會了游泳。那時一個月的薪餉不夠買一雙球鞋，三、四個人湊錢先買一雙，第二個月再買一雙給另外一個人。等球隊所有的人都有球鞋穿了，第一個先穿球鞋的人，鞋子早已「空前絕後，腳踏實地」。

禮。

我們這一群來自大陸的學生兵，生龍活虎般在這種艱苦的軍隊生活裡接受革命的洗禮。

每逢星期日上午的一場勞軍電影是我唯一的娛樂消遣，逛書店而不買書是我假日休閒活動的主要項目。由於這種規律的生活和平日的工作表現，頗獲長官的器重。自從軍中對士官有考核制度開始，我連年考績均獲優等。

對於各種文康活動我都熱心參加，在團、師、軍等各級舉辦的演講比賽中，常獲第一名，有時遇到熟面孔的對手，都會開玩笑的對我說：「你棄權一、兩次好不好！不然我們還參加比賽什麼。」，而我則當仁不讓。

演話劇是我年輕時的最愛，使苦悶的軍中生活，增添不少樂趣。師部有一個業餘話劇隊，每次演出都把我找去參加，正、反派角色我都嘗試去飾演，往往也都能獲得好評。

當時的部隊大都駐在半永久式的鋁皮營房。沒有大禮堂之類的舞台可供演出。在大操場上用磚和水泥砌成一個司令台，每有晚會就在這個土台子上舉行。需要佈景或掛大幕的話劇，也在這種野台子上搭景演出。

當年既沒有電視連續劇觀賞，也沒有收音機收聽音樂，看「歌唱晚會」或「話劇」是官兵操課之餘緊張生活後唯一的輕鬆消遣，不管是冬天凜冽的寒風多麼刺骨，夏天的蚊子如何叮人，官兵們都會拿著小板凳，踴躍參加。觀眾熱情的參與，演出的人更加賣力。不過舞台面對空廣的大操場，聲音效果大打折扣，演員雖然放大了噪門，坐在最後面的觀眾不一定能聽清楚。一場話劇演下來，大家都聲音沙啞了。

之前中國電視公司（中視）的老演員郎雄，當年可是我們隊上的同事，有次演戲，因為天冷又是迎風說話，等戲演完郎雄的嗓子已經不能發聲了，由於第二天晚上在另一個營區早已排定了另一場演出，這可急壞了隊長，連夜找喉科的醫官替他打針治療，又買了一盒法國製的「華大丸」一粒接一粒不停的含在嘴裡。第二天晚上郎雄終於勉強能夠登台演出。

有一次我也出了個大洋相：在改編的古裝劇「義薄雲天」裡我飾演關二爺，嘴上貼了鬍子，因為風大把鬍子吹掉了，不僅引起全場觀眾大笑，我一時情急，也忘了台詞。

當年同台演出的幾位同隊好友，除了郎雄，還有曾參加華視演出的牟希宗，以及前幾年搞了一陣子電影的韓保璋。

這種業餘性質的劇隊，沒有編制，臨時抽調各單位官兵參加，因此或多或少會影響每個人在原單位的正常工作。連長因而對我有些不諒解，雖然喜愛話劇演出，但我也很知趣，以後也就很少參加演出了。

升官　難如登天

國軍自大陸轉進來台，部隊裡的中下級幹部可謂濟濟多士，都很優秀。限於員額編制，升遷非常困難，尤其是士官，要想晉升成為軍官，真是難如登天。

而我們這個部隊的士官兵成員，又多是招考來的學生兵，或者是原先青年軍的第二期青年兵。來台後經過多年的訓練，又無作戰任務，已經有不少人開始關心個人的前途。上級也注意到這個問題。先是由國防部針對第二期青年兵做了一次考試，凡及格者發給一張「預備軍官適任證書」，表示具備擔任軍官的資格。但這僅僅是「表示適合擔任」而已，實際上當士官仍當士官，當兵的仍舊當兵，毫無實質上的意義。

數年後，軍事學校又成立了一種「候補軍官班」，招考軍中優秀士官，接受軍官養成教育，但畢業後仍回原單位任原士官職務，遇有「損耗員額」才能遇缺遞補。

人往高處爬，水往低處流，似乎是一種定律。為了自己的未來前途，兩種考試我都通過了。

在陸軍步兵學校候補軍官班畢業後，也獲得了晉升軍官的資格，但是仍須回到原單位當士官，因為所謂「損耗員額」是可遇而不可求的。究竟「損耗員額」是指的什麼？我們也不大了解。

不知是「政策」改變，還是真的出現了「損耗員額」，四十六年的初夏，團部人事官通知單位，每連呈報一名優秀士官，全團再複選四名優秀者晉升軍官。

當時我正奉命暫調師部政工隊參加話劇「蜚短流長」的演出，人不在連上服務，每連呈報一名優秀士官的機會自然沒落到我身上。我獲知這個消息後頗為沮喪，當即向政工隊隊長報告，表示要立刻回連上服務，不能再參加演出，因為演話劇對我個人前途影響太大。隊長聽了此話認為問題嚴重，由於在「蜚短流長」劇中我擔任的是一個很吃重的角色，我如果離開將使話劇無法繼續演出。於是立刻向政治部主任報告，希望原單位呈報我晉升軍官，並提出一個較公正的辦法：將全團所有具備晉升資格的優秀士官最近三年的考績列出來比較，選出前四名晉升軍官。結果在二十多名優秀士官中，我名列第二。

四十七年一月一日，我的肩上多了一條金色的槓。結束了長達八年的大兵生涯。既已擔任軍官的職務，也就加重了自己的責任。向新單位報到後，便鮮少再參加話劇演出。

一次部隊在南台灣海岸駐防的偶然機會裡，我邂逅一位客家籍的女孩—林秀琴。

在屏東縣新埤鄉的一處客家村落，鄉民保守而樸實，當地民眾百分之九十以上務農。林秀琴也是農家女。父親在農會擔任供銷部主任，因為膝下三個男孩子尚在求學階段，家中一甲多田地，交由妻子和秀琴管理。自己則利用早晚公餘下田工作，可以說是一位勤奮的自耕農。

林家非常好客，對我這位年輕的外省籍阿兵哥常給予熱情的招待。林秀琴雖然只有小學畢業的程度，但是國語講得滿不錯，這在當時的鄉下是很不容易見到的，她和我也很談得來。

離開大陸到台灣，將近十年的軍營生活，不論「以軍為家」的口號喊得如何響亮，那種終年無法和家人團聚，單調的軍旅生涯，免不了會有一種落寞的感覺。自從認識林秀琴以後，我便常利用假日到林家走動走動。

最初，林家只把我看成是一位遠離家鄉的遊子，因為缺少家的溫暖，所以常到他們家去。後來發現，我有意追求他們的女兒，就慢慢的開始對我疏遠。

在民國四十幾年的時候，他們那種保守的客家村落，好像還沒有幾個女孩子嫁給外省人，更不要說嫁給外省籍的阿兵哥了。

那時村子裡的人對於女孩子和外省人結婚，形容說是「嫁給大豬」。及至幾年以後秀琴和我結了婚，有一次我陪她回娘家，她的一位姑姑沒有看見我坐在客廳，老遠的拉大嗓門問秀琴：「秀琴，秀琴，你的『大豬』莫歸來？」，秀琴向屋裡指了一指，這位姑娘很不好意思紅著臉走開了。

為了自己的尊嚴，別人既然疏遠我，我又何必死皮賴臉的再去呢！不是自找沒趣嗎！於是一隔好幾年沒有再去過林家。

四十七年八二三炮戰那段時間，我們部隊駐防澎湖。我奉派到高雄擔任副食品採購的工作，住在高雄港六號碼頭的一棟空倉庫裡。

有一天一位團部的政工官等船回澎湖，臨時住在我們採購站。他見到我以後，告訴我前兩天他曾去屏東新埤鄉看一位朋友，朋友的鄰居有一位叫林秀琴的女孩子知道他是從澎湖來的之後，便向他打聽是否認識一位叫汪燕傑的阿兵哥。「看她的表情、聽她的口氣，好像很誠懇的在打聽你的消息。」他說道。

我把如何認識林秀琴，又為什麼幾年沒去林家的前因後果，一五一十向這位同事說了一遍。他鼓勵我不要氣餒，人家並沒有明白表示不接納你，你應該再接再勵的去下一番功夫。

得到這個消息後，又經過一段時間的思考，我終於鼓起勇氣，又再一次走進了這個客籍小村子林家的大門。

我發現一切並沒有兩樣，林府一家人仍像往日一樣熱情的對待我。

又過了一段時日，我在高雄採購站的任期也快到了，將要調回澎湖。我把握住這離台前的最後機會，硬著頭皮向秀琴的父親提出想和秀琴結婚的請求，當時我緊張得連心臟都快跳出來了。

沒想到秀琴的父親竟是那樣的開明，他說只要秀琴本人願意，他做父親的沒有意見。

雖然秀琴的父親滿口答應，但是並不表示此事順利成功。秀琴的母親是反對的。不要看她老人家平時對我很好，談到女兒要嫁給外省的阿兵哥，她用客家話說著：「不好！使不得。」

有了第一次「拂袖而去」，幾年沒有來往的經驗，秀琴怕我「重施故技」。她趕緊寫信告訴我：父親既然不反對，只要她本人同意，一切就沒有問題。母親那邊她會應付。要我趕緊找一位「媒人」，去談訂婚的細節問題。

收到秀琴的信，如同吃了一顆定心丸，連忙找了一位現成的「媒人」，到林府談妥一切訂婚應該準備的事情，就在起程返回澎湖的前一天，我和秀琴完成了訂婚的儀式。

當時軍人准許結婚的年齡是二十八歲。我在滿二十八歲生日後一個月，在澎湖馬公和秀琴舉行了公證結婚。

秀琴小學畢業後，在家裡協助務農，可能是少女時勞累過度的關係，身體一向不好，婚後肚皮遲遲沒有動靜，而我倆都希望能有個孩子，在四處求子的努力下，終於在三年後，她懷孕了。可卻在這時醫生發現秀琴患有心臟病，即不宜生產，也無法把孩子拿掉。

於是我們決定做最大的冒險。懷孕幾個月後，由於大腹便便心臟不堪負荷，身子虛弱的秀琴每晚都會出一身虛汗，甚至一夜濕透幾件衣服。我睡在身旁聽到她急促的呼吸聲，輾轉難眠，有時她的呼吸微弱幾乎聽不到聲音時，我會下意識的將手放在她的鼻孔前⋯⋯。

當年軍人的生活是清苦的，如果再有一位多病的妻子，那苦日子就更無法形容了。依我們當時的經濟狀況是無法住院治療的，雖然軍眷享有軍醫院的免費醫療服務，但是像妻這種慢性病、軍醫院也無法允許長期住院，只允在預產期前一星期左右入院待產。即使這樣我們就萬分感激了。

秀琴在預產期前十天住進陸軍八〇二總醫院。為了安全起見，產科的主治大夫決定為妻做剖腹生產手術，以避免患有心臟病的產婦無法負荷生產時的陣痛。

當手術室傳出嬰兒哇哇哭聲時，我如釋重擔，終於母女平安推出產房。秀琴為我們添了一個女兒，而我也添了不少的忙碌。既要照料多病的妻做月子，又要手忙腳亂替新光臨的女兒換洗尿布等等。

妻生產後第四天，我們發現了一個大問題—秀琴沒有母乳哺嬰。這與妻的體質有絕對的關係。毫無經驗的我們用儘了各種方法也無法達到催乳的目的。在秀琴尚未做滿月子的前幾天，她發現右乳房疼痛難忍，經醫生檢查是乳腺發炎，必須立刻開刀治療。本已患有心臟病，又經過了一次剖腹生產的大手術，如今產後尚未滿月又要進行乳房開刀，這為妻的體力是無法承受的負荷，但是為了救人我只好簽下手術同意書。就在手術後的第三天，妻因為心臟衰竭而與世長辭，留下沒有滿月的女兒—美豐。

妻的去世對我來說無疑是一生中最大的打擊。對於留下一個未滿月的女兒也成為我最棘手的問題。還好在我們婚後不久即發現妻體弱多病，為了能就近照顧她，我設法從野戰部隊調往設於鳳山的步兵學校擔任教官職務。對於一個曾經長年生活在野戰部隊的人來說，這種職務的更換，真有一種「一步登天」的感覺。連續十幾年的野戰部隊生活，除了訓練就是演習、戰備、各種裝備檢查，幾無個人的時間，如今擔任教職，可以按時上下班，雖然課程繁重，但在心理感覺上卻輕鬆多了。如今家庭發生重大變故，我必須面對困境去適應。最大的問題是哺乳中的女兒該怎麼辦才好，經濟能力不允許我雇奶媽照料，更不可能將孩子送養，她是可我的親骨肉呀！

可能是這突如其來的變故沖昏了頭，我竟忘了在步校大門附近，有一所陸軍總部開辦，專門收容軍官兵因家庭事故，無法撫養子女的育幼院。經詢問，我具備將女兒送進去的資格。經過服務單位呈報，陸軍總部的核准，在女兒三個月大的時候，由孩子的舅媽抱著，我倆含著淚將她送進了陸軍育幼院。

為了節省開支，我退掉原來承租的房子，搬進學校的單身宿舍，在公家伙食團搭伙。每天下班後我都會準時到距離校不遠的育幼院探視女兒，抱抱她、親親她，不論風雨從未間斷。

由於育幼院託養的孩子太多，保育員不可能像母親對待自己兒女那樣細心照料，不盡人意的地方在所難免。而家長們都是清一色的現役軍人，有的住在北部，有的駐守金、馬前線，幾個月才來院裡探視兒女一次，見到不理想，不如意的地方，多多少少都會向院長反映，院長則少不了會對保育員罵一頓，要求保育員改進。

我因為常去的關係，對於育幼院的一切情形較為了解。心想，你對保育員不滿，打她們的小報告，她們挨罵後把氣還是出在孩子身上，倒楣的還是自己的孩子。因此即使有再多的不滿，我也不會表現在臉上。保育員們對我這位家長也都有很好的評論。

負責照顧嬰兒部的保育員多半是一些已婚的中年婦女，因為她們較具育嬰經驗，但其中也有少部份未婚的保育員。可能是我時常報到，且又獲得多數保育員的好感，我發現自己已成為她們閒來無事時談論的話題。

有一次一位未婚的保育員休假，我請她到高雄吃了一頓便飯，感謝她平日對我女兒的照顧。不知這件事被誰遇見了，當天下午人還沒回來，就傳遍了整個育幼院，說我和某某保育員在高雄街上散步。巧的是當晚回到鳳山我倆又去看了一場電影，坐在我們後排的竟是幾位育幼院的同事，終場電燈亮起被她們發現，「證實」了下午的傳言，我倆也「百口莫辯」。以後的兩三天，我不好意思再踏進育幼院大門。而後，有位年紀較大的保育員則半開玩笑、半當真的說：「汪先生你怕什麼？她還沒結婚，你也應該再替孩子找個母親，追追小姐有什麼關係。」但不久後，這位未婚的保育員辭職回家結婚了。有關的風風雨雨也停止了。

女兒在陸軍育幼院保母們的細心照料下已快三歲。幼小的孩子生活在沒有母愛的團體生活裡，使我在內心深處對她總有一種虧欠的感覺。幸好育幼院距離我的工作單位很近，每天下班後我都可以按時去看看她。

弦續

孩子寄養育幼院也非長久之計。已近中年的我也應該再建立一個家，使我和孩子都能重享天倫之樂。「應該再替孩子找個母親，追追小姐有什麼關係。」雖是一句半開玩笑的話，卻也點醒了夢中人。經過一番苦追之後，協助照顧女兒的一位助理保育員晶琅，終於成為孩子的母親。

晶琅小我十幾歲，家住屏東，自從美豐送進育幼院，她就是孩子這一組的助理保育員。幾年下來她已和我的女兒建立了很好的感情。平日我常去育幼院看孩子，因此她對於我的為人也頗了解。在我們的感情已成熟到論及婚嫁的時候，育幼院裡也曾有一、二位女同事詢問她，是不是真的要嫁給我當續弦？並提醒她後母難為。但這些都沒有動搖她的決心。至於晶琅的家人，卻都持反對的態度。

曾經結過婚並且有一個女兒。晶琅家人對此婚事的反對我是可以理解的。在我沒有隱瞞身世的情形下，晶琅帶著我到她家見母親和家人，人家說見面三分情，也對我有更加的認識，從那以後，反對的聲浪也少了很多。

晶琅對我的了解，以及對孩子的愛，是這樁婚姻成功的最大因素。在此同時期，晶琅的一位乾姐姐，也是育幼院的同事，曾替她介紹男朋友，但是卻被晶琅婉拒了。這位乾姐姐在知道晶琅已屬意汪美豐的父親後，放棄自己的立場，反過來和另一位女同事幫我向晶琅的母親提親，這種情誼使我感激萬分。原本持反對態度的晶琅家人，在我登門造訪以後情況已稍有好轉，如今又有倆位說客前來提親，晶琅的母親二話不說答應了這門婚事。

民國五十四年春，晶琅和我在鳳山完成婚禮。

晶琅是陸軍育幼院第一，可能也是當時唯一與家長結婚的保育員。那時在院裡也造成頗大的轟動。使她覺得不便再在院裡工作，再來依院方規定，家長結婚後，必須將孩子領回，因為孩子有家，也有娘，於是她就辭職，專心做家庭主婦。

五十四年十二月二十五日凌晨，晶琅生下第一個男孩。前一天晚上剛好是聖誕夜。由於胎兒體型較大，陣痛的時間特別長，晚飯後就感覺有預兆，我立刻顧車送妻到醫院，經過妻一陣痛苦後，孩子呱呱墜地的出世了。這時，疲勞的妻子伴隨著醫院外傳來聖誕夜教友們報平安的歌聲，安祥的睡著了。時針已指向二十五日的凌晨，這天正巧是行憲紀念日，全國放假一天，我不必請假就可在醫院陪伴妻。為了慶祝我們的兒子選在這樣一個極富意義的聖誕夜和行憲紀念日來到人間，我替他取名叫：「聖憲」。

未滿二十歲的母親，除了哺養一個剛出生的嬰兒，還要帶一個四歲的女兒，其辛苦可想而知，可是晶琅毫無怨言，在我內心深處不僅對她萬分感激，更懷有一份歉意。她讓我重拾回已破碎的家，更使美豐又獲得母愛。

軍眷的生活是清苦的，一條訂婚時送給妻的五錢重金項練，生產時也變賣用來做為住院費及營養費。在妻坐月子的一段時間，我每天上班前做好一天的飯菜，洗完所有換洗的衣服，深怕妻月子裡碰到生冷水。

家雖然窮，日子也過得很苦，但是妻和我有一個共同的原則—絕不寅吃卯糧，在有計劃的收支分配下，我們生活得很充實，兩個孩子也給我們帶來不少歡樂。

在大女兒剛進小學一年級，兒子還不夠資格上幼稚園時，妻又生下了第二個兒子—

聖麒。於是我們更忙碌了。這時我們已分配到一棟眷舍，每個月省去了一大筆房租。軍人的待遇也逐年調整，使我們的生活已稍稍好轉。

教鞭生涯

在軍事學校工作是安定的，每一個幹部都能盡忠職守，大家都能體認這種安定的工作環境得來不易，實非野戰部隊所能比。雖然訂有輪調制度，但是如果你沒有犯任何過錯，被調離學校的機會可以說少之又少。假若你表現優異的話，各級長官更捨不得你離開。我就是在這種情形下，在步兵學校一混就混了十四年，從肩上的一條橫，直到退役時的一朵梅花。

當年與我同時晉升少尉軍官的原單位老同事，因為從未離開野戰部隊，不僅立有功勞，更有苦勞，此時均已升到中校上校，回頭看看自己，早已落在別人之後，可是我又能有什麼怨言？別人是在極其辛勞的野戰部隊拼搏後所應獲得的成就。

反觀自己多年在學校任教職，生活安定，工作輕鬆，也就顧不得升級晉等了。俗話說：好壞只能抓一頭。雖然無法飛黃騰達，但在步兵學校十餘年的教官生涯，我盡力做好份內的工作不遺餘力。當教官最高的榮譽是當選優良教官，在教師節接受表揚。我不僅二度當選，並且曾經有一次當選全陸軍的優良教官，接受總司令的頒獎。

有一次代表步兵學校參加陸軍總部舉辦的有關軍事情報方面的演講比賽。獲得第一名的是陸軍參謀大學的一位上校教官，第二名是某單位的一位上校，第三名就是我這位來自步兵學校的中尉小助教。

每年的十月慶典以後，回國僑胞都會組團南下參觀軍經建設，依例步兵學校都要準備一項軍事演習給僑胞參觀。以往這項演習的說明官是由一位金姓中校教官擔任，那年金教官外調到部隊當營長，教官組長指定由我接替這項說明官的任務。參觀者除了數千僑胞外，更有高級長官陪同，並有電視記者錄影採訪，場面很大。教官組長平時對我授課的情形雖然有信心，但是這種大場面，我又是第一次擔任說明官，難免不一再叮嚀。

正式演習那天，近百輛大巴士載來了數千名歸國僑胞，場面之大也是我這個小小的上尉教官所少見。我從容不迫的對每一個演習狀況做詳細的說明，完成了在我一生中最大的一次，也是面對人數最多的一次「演講」。

校長韓將軍是一位對部屬要求甚嚴的長官，任何人平日的表現，雖然已達到他要求的標準，卻很少能獲得他當面的獎勵。就在我擔任說明官演習後的第二天，全校舉行閱兵預習，當校長率同各級主管走過軍官團，突然在我面前停下來，對我說了一句：「昨天演習時的說明很好。」。就這短短的一句話，對我來說真是極大的鼓勵。隊伍解散後，同事們都趨前向我致賀，說我能獲得校長欣賞可真不容易。也因此，在教官組擔任了幾年教官職務後，我被調任校長辦公室侍從官，雖然這是一份較為忙碌的工作，毫無個人的生活空間，更不像以前當教官每天可以上下班那麼輕鬆，但可以使我累積不少經驗。侍從參謀必須每天追隨長官左右，處理一些行政上的事務，很少有回家的機會。這種工作持續了兩年，待長官榮調離職，我才再回教官組。

校長離職前有意要我隨他一同往新單位，我心想本身學經歷都不完整，從少尉調來學校任助教，一直到目前升為少校教官，十多年來沒任部隊主官經歷，如果再調野戰部隊已無發展潛力，對長官的提携好意只有婉拒了。

這時教官組有一個中校教官缺，我這個少校官階者如能佔此職缺，一年後即可晉升中校。校長交待人事科長將我調佔該中校缺。不料人事命令發佈後，佔高階缺者並不是我，而是由教官組一位資深少校調升。對於此事我心裡很納悶，校長臨走時親允我佔中校缺，如今為什麼起了變化？

經我向人事科承辦人探詢，才知道教官組有一位周姓主任教官和校長是軍校同學，後來又在同一個師擔任團長，如今別人已升了中將校長，自己卻仍為上校主任教官，在心理上難免有些不平衡。平日教官組裏的一些工作，他多半都交由這位資深教官處理，如今由外面調來一位少校佔高階缺，使他無法向那位經常替自己處理一切事務的資深教官交待，於是堅持由自己小組的這位資深教官先佔缺晉升，待以後遇缺再由我調升。校長基於老同學老同事的面子，也就做了順水人情，犧牲我一次晉升的機會，事後想一想，心裡不僅憤憤不平，也覺得很窩囊。

這時正好有一個退役的機會，既不能向上求發展，只好退而求其次。於是民國六十二年十月一日奉准以少校官階退役，結束了二十七年的軍旅生涯。

政府為了照顧軍職人員退役後的生活，訂有良好的退役給付制度，凡是服役滿二十年者，退役後可享有退休俸待遇，依退役時之官階年資給予百分之八十以上的俸給。我是民國三十五年入青年軍當兵，到六十二年退役已足足有二十七年的軍中年資。不過在民國三十八年以前大陸上的一段軍中生活，由於戰亂已無案可查，一切只好由三十八年來台灣在鳳山五塊厝當兵開始算起。這二十四年的軍中服務年資可一天也沒間斷，升遷調補的所有人事命令，一份連接一份，銜接得無缺無失。享有退休俸的條件已足足有餘。

遺憾的是依照當時的退役給付規定；軍官退役時只計算軍官年資，以往的士官兵年資一律不予計算，也不給退伍金。這種計算方式使我這個在民國四十七年才晉升軍官的只有十六年多的服務年資，當然也就無法享受退休俸的待遇。

國防部的有關單位已發覺這種軍官退役時不合併計算士官年資的給付辦法是極不合理的，所以自民國七十年開始已將退役人員的年資計算方法，修正為官、士、兵年資合併計算。

當時因計算年資方法不同；與我有同樣情形者為數不少，大家為了本身權宜，雖再三向有關單位反映，但是在國防部人力司：「法令不溯既往，不予追溯辦理」的法令「解釋」一下，並以「此類人員眾多，如援例比照，本部勢難善後」等理由，也就在如此這般的用詞遣字解釋下一筆勾銷，毫無結果。

好在幹了一輩子革命軍人，頗能體會當年從軍報國之宏願並不是為了錢而從軍，是為了保國衛民而投筆從戎，幾十年當中什麼苦都吃了，什麼罪也受了，何在乎區區幾元退伍金。當此國難當前，神州未復……等。想到這一大堆道理，雖有一肚子的不滿也就一切開朗了，要不然還真以為那十年的兵是白當了呢！

解甲歸「田」

文的不會「等因奉此」，武的不能「舉槍射擊」，二十多年的軍中生活沒學到一技之長。真所謂學到用時方恨少。乍退役下來真不知道如何是好？經過友人的介紹認識了一位在高雄市果菜市場做水果批發生意的覃姓商人，他建議我到中部東勢山區去包果園，採收後運到高雄市場交由他代售，由他從中抽取一成佣金。

古人說：「三十而立，四十而不惑」，退役時已四十多歲，沒有領分文退役金，只領了四萬五千六百元的保險費，三個勛獎章折換的六千元獎金。我拿著這五萬一千塊錢，迷迷糊糊就上山包水果去了。

有人說在台灣做農的是靠天吃飯，收成後價錢的好壞由不得你決定，豐收了供過於求，價錢自然下跌。尤其是水果類，成熟了必須採收，不然就會落果、爛掉。便宜也要賣，不夠成本也要賣。如果氣候不好影響產量，歉收，當然價錢好，但是產量少，價錢好又有何用。

包果園如果預估有偏差，看走了眼，則風險更大。俗話說：初生之犢不畏虎，我既沒有包果園經驗，又不知其中的利害，迷迷糊糊的承包下苗栗縣大湖鄉山一大片山坡地的橫山梨。

園主人是位信奉一貫道的客家人，全家人都吃素，果園既由我承包下來，一切經營管理都由我負責。山區沒有飲食店，只好在園主家搭伙，和園主一家人生活在一起，從開始到採收結束，我跟著這一位一貫道的園主吃了二個多月的素。

幸好晶琅的姊夫在台中縣附近一所高中任教，課餘的時間都來協助我，因此順利的收成。天助我也，這一年的橫山梨價錢特別好，結帳後除去開銷，淨利有十二萬多，我分了六萬元給姊夫，他也非常的開心！

果園工作結束後，拿著比我幹了二十幾年軍人所領的保險金還多一萬元的盈餘回到南部的家。稍事休息後，我又遠赴台東繼續包了另一組果園，約五甲地的柳橙。在第二年的開春採收完畢，經結賬後又賺了四萬餘元。

兩次包果園總計賺了十萬元，給了我很大的信心。最主要是充實了再經營的資本。

心想如果再包果園不幸賠錢，那也不至於賠上老本，無形中增加了我的勇氣。緊接著在高雄縣盛產荔枝的大樹鄉包了一大片荔枝園。

待遍山透紅的荔枝已屆成熟，即將採收的時候，當地已經兩個多月沒有下雨，果樹急需水份灌溉，於是我指導工作人員抽取地下水進行灌溉。兩天兩夜連續不斷的灌溉，使果樹獲得充足的水份後，開始採收的第一天，突然天降大雨，雖然影響了採收工作，但是荔枝已成熟，不能因雨而停止採收，只有冒雨進行。

這次可真是老天捉弄人，大雨斷斷續續的下了十多天。由於水份太多，荔枝開始落果。待整園的荔枝採收完，雨也停了。落滿地上的荔枝，有的腐爛，有的生蟲，已經沒有再運到市場銷售的價值。計算一下數量，落果佔了總收成的四分之一。由於雨量太多的關係，也影響了荔枝的甜度，更直接影響到售價。結算總帳，賠了三萬多元。這是我第一次嚐到敗績。

經過檢討，主要是採收時雨季提前來臨。人算不如天算，命矣！怨不得人。所以有人說做農的是靠天吃飯，這話一點也不錯。

做生意有賺有賠，這是天經地義的事。如果沒有把握賺錢，而又要聽天由命的話，那又何必去冒這種賠錢生意的險呢。以我這一介退伍軍人，只有那麼一丁點老本，是只能吃補藥不能吃瀉藥的。有了這次包荔枝的經驗，以後再也不敢包果園了。

在台灣種植果樹的果農，通常是將採收後的水果分散送到各地的果菜市場出售。因為果農本身的人力有限，不可能親自到每個市場販賣，只有委託當地市場的水果商代售，這種代售的水果商一般人把他們稱為「行口」。水果經行口代售後，抽取果農一成的佣金，其中四分轉繳市場做為公家的各項支付用費，稱之為「管理費」，剩餘的六分則是行口商所得，不論價錢高低都按這種一成的比例抽取佣金。

改做行口商

果農的水果運到市場後的售價，果農本身無法控制，代售的行口商也無法絕對性的控制價錢。價錢叫高了小販不買，而到貨多了小販則採觀望態度，不肯出價。小販都聰明得很，他知道水果不是五金玻璃之類，你今天不賣明天就會變質，後天就會爛掉。行口商也心知肚明，今天賣不出去，明天就別想賣更好的價錢，上午十點散市時的價錢就遠不如清晨五點開市的行情好。當然也有例外，只是晚市比早市價錢好的機率可說是微乎其微。不過行口商抽取佣金穩賺不賠是可以肯定的。

幾次承包水果運往市場銷售和行口商接觸的關係，對於其中竅門已略知一、二，於是我又改行進入高雄市果菜市場做行口商。

經營行口商代售水果，第一個先決條件是要有水果的來源，認識各處產地的果農，並且要有絕對的信用，獲得果農的信任，他們才會把水果送到市場委託你代售。另外一項必備的條件是要會說台灣話，以應付市場裡三教九流都有的複雜環境，雖然這不是必然的，很多小販也能聽懂國語，並且會說，但是如果能用台語交談，一切則更順暢得多，這不是省籍觀念，而是環境必須如此。

關於爭取貨源方面，有兩位親友幫了我不少忙，一位是晶琅的姐夫，我的連襟毛 鈹老師，另一位是我杭州青中時的同學耿君。他倆都住在中部水果之鄉的東勢鎮附近，靠他們倆位大力的推荐、介紹，使我認識不少當地的果農。我以絕對的信用，按時匯送貨款，絕不以多報少，而取得果農的信任。貨源雖然不多，但是我抱著只求溫飽，不想發財的心理去做生意，穩打穩紮。幾年下來經營的業績蒸蒸日上。

到台灣數十年都在軍中度過，很少有學習台灣話的機會，如今四、五十歲離開軍中，在一個純為本省人的社會裡謀生，才深深體會出台灣話的重要。當初只會一、二句「呷崩[20]」，「剃頭」，除此而外連「男人、女人」二詞的台語發音：「查包、查某」也分辯不清，一切得從頭學起。環境所逼必須加緊練習，還好有妻子的幫助，天天與我練習，而我也免不了下了一番苦功。成績總算不錯，一些簡單的應對，尤其生意上的用語，已

20 吃飯的台語。

勉強可以應付。不過已經年近五十，發音無法純正，總帶有一口「外省腔」。有時小販會揶揄的說：「頭家，你講國語好不好，因為你講國語，我還比較聽得懂些。」。不過罵台語三字經，說一些台語髒話，我的發音倒有「字正腔圓」的功力。有些小販買水果，出價低得太離譜，看貨時把一簍裝得整整齊齊的水果翻得亂七八糟，使人惱火，這時如果用台語半開玩笑、半罵人應付對方，這筆生意可能就交易成功了。對方也會笑著說：「你蓋熬，A曉麥郎」（台語：你很厲害，也會罵人）。本來果菜市場就是一個三教九流、龍蛇雜處的地方。不過也要看對象，不能隨便罵髒話，畢竟「賤人」只是極少數。

十餘年的行口商生涯，每天凌晨三、四點鐘就要起床，風雨無阻的到十公里外的高雄市果菜市場做生意。最初我騎機車載妻去，每遇颱風或大雨就麻煩了，機車半路熄火，那種在狂風暴雨中推車的感受真是無法形容。後來我們買了一輛客貨兩用的小汽車，才改善我們行的煩惱。

孩子相繼長大，美豐已國中畢業，可能她母親懷孕時因心臟病吃藥太多，影響她的資賦，經過再三補考，才勉強拿到一張國中畢業證書，她實在沒有繼續升學的智力，只好在家中協助簡單的家務。聖憲和聖麒倆兄弟從高雄一所頗有名氣的教會學校畢業。聖憲考取了台北世界新聞專科學校（現世新大學），聖麒則進了省立鳳山高中。

由於孩子已漸漸長大，原來分配的眷舍已不夠居住，好在平日晶琅和我都能節儉持家，在省吃儉用、有計劃的開支下，將僅有的一點積蓄，加上變賣了晶琅的手飾，我們買了現在居住的這棟二層樓房。房子雖然不大，只三十餘坪，但是我們總算是有了屬於自己的窩。

在台灣，我們不是富有的族群，大半生服務軍職可說是兩袖清風。退役後經過孤軍奮圖，能擁有今天這一片天地，我心滿足矣！所謂知足常樂。

妻和我都很注意居家生活，對於孩子們的學業，更視為家中最重要的一環。儘管我們對自己刻薄、吝嗇，但是對於求學中的孩子從不小氣，有求必應，只要能考取好的學校，從不考慮學費高低、路程多遠。我們常對孩子說：「考不取好學校，你丟人；拿不出學費我丟人。」一至今除了女兒美豐因為先天性的因素使她智慧受到影響，只完成國中教育。兩個兒子均接受了大專教育。兩張在成功嶺上接受軍事訓練穿著戎裝的放大照片，掛在我書房的牆壁上，使我內心有無限的欣慰。

鄉愁

植樹東籬下，落葉竟歸根。來到台灣轉眼已四十餘年。當年到台灣時才十九歲，如今已年逾六十，成為花甲老人。年事愈長，思鄉之情愈深。然而西望大陸，卻有一種無法尋根的感覺。

兩、三歲時離開老家，對故鄉一片模糊。父兄均為軍人，受戰爭影響東飄西蕩，居無定所。當年全家人生活已不易，那裡有錢購置房產。民國三十八年和家人失去連絡時，他們正在風雨飄搖中。四十多年以後的今天，在廣大的故國山河裡，我到哪兒去尋找他們？如果父親仍健在，應是百歲人瑞的高齡，不孝的我不敢有這種奢望。兩個哥哥曾經是國軍的中級幹部，大陸變色後，如果不被殺害，也會被放逐邊疆勞改。弟弟妹妹根本沒有固定的家，有如水中浮萍。

在我的記憶裡，依稀有一點印象的是三嫂的娘家，住在四川綦江縣對岸的一個小村莊裡。我抱著海底撈針的一線希望，寫了一封試探性的信，請當年寫介紹信接我來台灣的那位梅副團長，趁他赴美國探視兒女之便，將信帶到美國再轉寄四川。

當時兩岸根本不准接觸，信件都是偷偷摸摸帶往海外再轉寄到大陸。這封試探性質的信雖已寄出，但是有如石沉大海。不過也沒有退回美國。「除了三嫂娘家這唯一的一個模糊地址外，我實在沒有另一個試探的線索了。如果不繼續去試探，繼續去尋找，將和家人永無連絡見面的機會。

這些日子，我看遍了所有報紙「大陸親人在找你」的專欄。然而，如同海底撈針，杳無訊息。最近一首唐朝賀知章寫的詩：少小離家老大回、鄉音無改鬢毛催、兒童相見不相識、笑問客從何處來？在台灣非常流行報章、雜誌，為了報導探親新聞經常刊出這首詩，而我讀後，卻感萬千，我把詩的第一句改成了：少小離家歸不得。反映出了我當時的心情。

我每天注意看著每一則探親消息、尋人廣告，有沒有大陸親人在找我、每日等著奇蹟的出現。

民國七十六年十一月二日，政府開放探親。已經和大陸親人取得連繫的人，紛紛踏上歸鄉之途。而我還不知道家人在何方？我曾向紅十字會填寫尋人表格。更不死心的又寫了一封信託返鄉探親的友人再寄往三嫂的娘家。信封外面和信箋上也寫了一些希望見到此信的人，代為尋找三嫂王安民。

真是皇天不負苦心人。一個多月後，奇蹟終於出現了，使我大有喜從天降之感。香港友人轉來了三哥的回信。失散了四十年的親人終於又搭上了線。驚喜、激動，當時的心情，我實在無法形容，經過輾轉的連繫，三哥的來信，於七十七年元月二十七日寄到，「烽火連三月，家書值萬金。」我們兄弟闊別四十年，遙距數千里，四十年來的第一封家書，其價值何止萬金？

歸鄉！探視親人！這是我急需要實現的願望。好險！如果不是我鍥而不捨的寫信尋找，我和大陸親人間，真的成為斷了線的風箏。

三哥在回信中說，他和三嫂早已不住在綦江縣城，為了生存，三十年前一家人遷往距離綦江百里外的南桐礦區。三哥下礦坑做了幾十年礦工，三嫂被分配到山區一所小學當了三十年老師，倆人目前都已退休。我前後寄給他們的兩封信，因為地址不盡詳細，而人事變遷太大，經過當地統戰部多方查訪，輾轉才把信交到他們手中。

這封與家人斷絕音信四十年後的第一封家書，除了說父親和大哥早已去世外，對於筱君妹和鳴虎弟的近況沒有太多的描述，加速我急欲返鄉的意念。

另外有一件事令我猶豫：那就是麒兒七月份要參加大學聯考。如果我們此刻回大陸探親，將會影響他的生活。今年已經是他第二次重考，也是我們全家的一件大事。在衡量輕重緩急之後，決定第二年春天再回大陸探親，到那時候麒兒已入學住校，即使考不取大學，也入營當兵去了，生活已安定。我們夫妻可安心的踏上探親之路。可是想一想，明年春天？還要等一年，十二個月，好長的時間哦！我已和大陸親人闊別四十年，如今既已連絡上，何不盡快回去看看他們。

打聽了一下，這返鄉一趟著實也是一筆不小的花費，加上麒兒聯考前的生活起居需人照料，也使我內心充滿了矛盾。經過再三考慮，也抵不過對家人的思念，決定立刻委託旅行社代辦探親的各項手續。

收到三哥的第一封回信，是七十七年元月下旬，當時趕辦返鄉探親的人潮已達巔峰。

香港的簽證手續則慢如牛步。在兩個月的等待簽證的日子裡，日子實在難熬，要買些什麼禮物送給闊別四十年的親人，計畫著應該帶多少錢才夠開銷等等。總之，一切的一切，頗費思慮，最後與晶琅決定，以新台幣二十萬為上限，畢竟我們的積蓄並不多。往後的生活費，孩子們的教育費，均不能因回大陸探親而有所影響。在慢和等的焦急心情下，足足過了六十天，終於圓滿的辦妥各項簽證手續。

a personal memoirs of veteran soldier

04

返鄉之路四十年

PERSONAL
MEMOIRS

漫漫歸途

三月三十日早上，妻和我登上華航飛往香港的班機。實現了盼望多年的歸鄉夢。我和晶琅都是生平第一次離開台灣，飛機雖不算豪華，但客艙寬敞，空中小姐服務親切，餐點豐盛⋯等等，我對搭乘國際航線班機初體驗，已感到頗為滿意。

台港之間航程並不太遠，約一小時又十分鐘，吃完了空服員送來的午餐，機長從擴音器裡告訴乘客，香港啟德機場已在望，從機艙窗口向下看，棟棟大廈矗立在半山腰，港灣內艘艘貨船或航行、或停靠。忽然間機身向右傾斜，慢慢的飛機滑行至跑道，當飛機停妥後，步下扶梯，我們已踏上了這一塊被英國人統治將百年的香港。

經過了通關手續，出了寬敞、設備完善的機場大廈，搭乘香港承辦者：白先生，預先為我們安排的九人小巴士，經海底隧道直駛上環，下塌一間專為台港單幫客居住的簡陋小客房，此客房設於一大廈之五樓，共有四間小房間，每間小房間有上下鋪床兩張，可睡四人，收費為每晚港幣六十元，以單人，價錢不算貴，如以四人一間房，每晚兩百四十元港幣，設備又如此之簡陋，則不太划算了。

此次返鄉探親之各項手續，均委由台港間之兩組單幫客代辦，雖在高雄是由旅行社負責申請，但那也只限於台灣至香港的一段，到香港後，則全由單幫客白先生負責，白為一自凜生活之退伍軍人，經常往返於港台之間，對香港之環境甚熟，我等至香港之吃住，均由他張羅，當然開支以愈少愈好，只要能填飽肚子、能避風雨，他就算盡到責任了，再者就是引導大家辦理進入大陸之各項手續，在何處搭車等等，而他最主要的目的，就是要大家幫他帶水貨攜往廣州，代價是在香港之食宿免費，約合港幣一千元，為了避免惹上麻煩，我們付給他兩千之港幣的食宿費用，回絕了幫他帶貨的請求。

非常不巧，隔天四月一日是英國的復活節，香港也循例放假五天，一切應辦的手續，明天不知道是否順利辦妥？不過中共的「中國旅行社」聽說明天不放假，專門為台胞服務辦理進入大陸的「台胞旅行證」。如果真是如此我們則不必在香港停留太久，很快即可進入大陸矣！

清晨七時不到，白先生即引導大家往中國旅社辦理台胞旅行證，到達後已有數人在排隊等候，我們約在六、七名之後，預計辦起來不會用去太多時間，但沒想到中國旅社開門後，部分香港旅行社的人不守秩序一湧而上，使我們先到者被擠到後面，幸有中國旅社的職員維持秩序，莫約半小時後辦妥了申請手續，不過旅行證可能要到下午或隔天才能領到，萬一明天才能取回，在香港又得多待一天。

三哥在獲知我即將返鄉的訊息後，來信說希望我能帶一台十二吋的彩色電視機給他，並說如果我的經濟能力許可再買，如經濟能力不許可就不必了。我心裡想，這真是小事一件！但心中不免有許多想法：現在的三哥究竟是過著什麼樣的日子，讓他老人家這樣向弟弟開口，他心中必定也不好受啊。

在中國旅社辦公室旁即有一間專為探親者準備的電器用品出售店，可以在香港買單，至廣州提貨，甚為方便，於是我們在香港買了一台十八吋遙控型的彩色電視，預計到廣州提貨後託運回四川，作為送給闊別四十年給三哥的禮物。

午飯後，偕晶琅赴海洋公園一遊，在香港不會廣東話，真是諸多不便，連說帶比，海洋公園總算讓我們摸到了，門票港幣九十元約合台幣三百五十元，不能說不貴，但公園內之遊樂設施則是一流的，其中除了兒童遊樂場的雲霄飛車等需另購票外，其他如天幕電影、金魚大觀園、空中纜車、海豚表演等，均不需另外付費。每人門票九十元，仍然值得。由於時間的限制，離開海洋公園已是五點多鐘，玩得並未盡興。搭乘公園的巴士，到一個不知名的終點站下車，換乘地下鐵至中環然後步行回住宿的地方。這是我倆單獨逛香港，既不會廣東話又不會英文，而我們卻沒摸錯路、搭錯車。使我倆都有一種「好能喔」的感覺。

晚餐時，巧遇前步校彭主任教官夫婦自廣東探親回來，言談間他倆此行諸多不如意事，晶琅聽後，萌生了不該返回大陸的念頭，雖經我好言相慰，仍耿耿於懷，然而，既已到達香港，哪有不前往大陸之理？她也只好勉為其難的答應了。事情總不會那麼糟吧？

晚上白先生帶來了我們的台胞旅行證，決定明晨搭九龍火車站的頭班車赴羅湖，然後經深圳赴廣州。

原計劃在香港買四枚金戒指送給妹筱君、弟媳淑玲、及姪女汪 江、汪 河，但海洋公園回來後，金舖已打烊，而隔晨五時又要搭車赴廣州，購金戒指之事，只好留待大陸再買吧！

天未亮即起床，搭乘小型巴士往九龍車站，由於復活節假期的關係九龍車站早已人滿為患，不僅往廣州之道通車車票無法購得，就是連往深圳之普通車站也大排長龍，人群中除了部份是從台灣往大陸之探親者外，多半是港人利用假期往廣州或其他地區旅遊者。此次我們回大陸探親一行人多為岡山榮家之老榮民，年齡大為其特色，而最傷腦筋者是行動及反應較遲，晶琅則是唯一女性，我倆比他們靈光多了，經台灣到香港，到進入大陸，這些老榮民，不是遺失證件（其實不是遺失，而是忘記置於何處，最後仍被尋獲），就是迷失路途，領隊者比帶領幼稚園的小朋友還操心。

當火車空車進入九龍車站，千萬旅客蜂擁而上，我和晶琅被壅擠的人群衝散，分別進入前後兩節車廂，她已擠上車應可確定，但不見人影，卻使我心焦，心想該不會這麼快就遇上不如意了吧？將行李交同行者看管，擠向另一節車廂，終於發現她安然坐在座位上，我才放心。

從九龍到深圳行程約一小時餘，雖為普通車但中途各站均未停靠，直駛羅湖，概全旅客都是要進入大陸的。從羅湖至深圳是進入大陸之關卡，羅湖下車後，旅客人山人海，約成十路縱隊，站滿整個月台等待驗證。

這是我今生第一次與中共人員接觸，除了有些新鮮感，同時也有一些戒心，畢竟大家不是都說謹言慎行嗎。當然我們都順利通過海關，進入大陸。

到深圳後，在華僑旅行社前的空地休息，等待領隊人員尋找交通工具前往廣州，此時我發覺招攬返鄉探親生意者之所以把我等此刻安排在深圳下車，而不直接預購直通廣州的車票，主要原因是便於向探親者取回為他們攜帶的水貨。

從深圳至廣州，是搭乘一輛中型巴士，可能是該車曾經於兩天前通過泥濘地區，車身濺滿泥土，車窗玻璃模糊不清，車內座椅也破舊，套一句軍事術語，簡直就是「車容不整」！

重返大陸

我們一行二十餘人乘車通過深圳地區，這也是我離開三十九年後重返大陸，第一次踏上共產黨統治的地區，不只是有一種新鮮感，更有一種「一探究竟」的渴望。古老破舊的民宿，穿著藍布衫的民眾，一輛輛車容不整的各式汽車，路旁或蹲或立，等候公車的男男女女，帶著一種貧窮落後的感覺。雖然從深圳到廣州這一段路程中，我也曾見到一些已建好或正在興建的新式樓房，但其造型式樣，似有一種令人「不起眼」的感覺。

中途汽車曾在一加油站加油，該加油站為一磚牆房，破破爛爛，兩個油亭，另有幾個五十加侖油桶放在屋內，工作人員數人也未穿著工作制服，懶懶散散的，這與台灣多地的加油站比起來真是差太遠啦。

約五時左右，汽車終於進入廣州市區：中國南方的第一大都市。民國三十八年九月，我曾在此小住，等船半個月，準備赴台灣投靠三哥，沒想到船期延誤，到台灣後三哥三嫂已相偕飛回四川，此一別，整整的三十九個寒暑。今天又經此地，偕妻再往四川，與三哥三嫂相聚，同為一個廣州，卻是兩種心情。我們在廣州火車站對面的流花賓館下車，由於事先未預訂房間，服務台稱已客滿，經領隊唐小姐親自找經理，才勉強獲得房間。

在我等待香港簽證的那段日子，有一天下午突然接到三哥遠從四川打來的長途電話，他第一句就說：「我是你三哥呀……」，在話筒後沙啞的聲音裏，可以體會出他撥這通電話時激動心情，那熟悉的語調，仿佛與四十年前並沒什麼改變。只是這突如其來的一通電話，我也不知道要說些什麼，只將無法確定的概略起程日期告訴三哥，他則是再三叮嚀我到廣州後搭乘往成都的火車，不要坐飛機，他會到綦江火車站接我。後來我才知道，那段季節重慶白市驛機場霧大，曾經有一架北京飛往重慶的中共民航機在機場附近墜機。因此在廣州我們委託旅行社替我們買了兩張往重慶的軟臥火車票，預計要兩天兩夜才能到達四川綦江。

今天首先要辦的事，是提取電視機，托運至綦江，其使手續更為方便，運費也不多，在等待辦托運之時，遇到一服務於「長沙人民政府」之周姓職員，他也在辦理冰箱之提領手續，這是他父親從台灣回去在香港購買的，臨去時他建議我們，回到大陸見到親人後，在經濟方面不要表現得太富裕，也不必表現得太寒酸。此話可能是他的經驗之談，而我和晶琅也認為頗有道理。雖說自己的親人，自認為比誰都了解，但在這四十年間，他們過著什麼樣子的生活，我實在無法想像，也不願去多加猜測。如今為了返鄉與家人見上一面，也著實花去我大半積蓄，實在是也沒更多能力可以幫助親人了。

離開廣州前，本來想先打一通電話給姪女汪 江的夫婿陳代科，他在公家單位服務，單位有電話，請他轉告他的岳父—我的三哥：我們搭乘那一班車，到時候再到車站接我們。沒想到在電信局掛完號，繳了錢，還要等。櫃台裡的服務人員說：要等多久才能接通很難講，等一天、等半天都不一定。據說拍電報有時會比打電話快些。我們付了少許手續費，決定不打電話，改拍電報。

廣州的電信局，營業廳雖寬敞，但打電報和電話的人卻很多，電報擬稿紙須要向櫃台購買，每張人民幣一分錢，不像台灣的電信局，稿紙擺在櫃台上，隨便取用。

臨上車前在路邊的水果攤買了二斤廣柑，準備在車上吃。小販秤好廣柑，提著秤桿等我取回，我則站在攤位前等他包裝。雙方在互不了解的情形下愣了一、二分鐘。原來在大陸上買這些小東西是不負責包裝的，如果要用塑膠袋裝起來，另外要給塑膠袋錢。不像在台灣，有些家庭主婦上菜市場買菜，連菜籃子都懶得拿，賣菜的、賣肉的、賣魚的會一包包的替你裝得好好的。

後來我多付了一角人民幣，小販才將橘子倒入塑膠袋裡。

廣州火車站是中國南方進入大陸最大的一個車站，車站古老而寬敞，站內人山人海。候車室雖然寬廣，但設備不算太好，坐椅又少，很多人都直接蓆地而坐。軟臥乘客有自己專屬的候車室，位於大廳的左側，妻和我提著笨重的行李，穿過擁擠的候車人群，走向軟臥乘客的候車室，只見軟臥候車室也只是多了幾排長條木櫈而已，而且從頭到尾早已坐得滿滿的。我們沒有蓆地而坐的習慣，只好站著等候剪票進月台。

廣州到重慶的火車隔日行駛一班，我們雖然搭上了下午四點二十分的火車，但是這班車的終點站卻是湖南懷化。到懷化後我們仍要等第二天廣州或上海經懷化往成都的火車繼續往後的一段行程。這是我們一開始料想不到的。後來得知，「中國旅行社」之所以如此安排，主要是因為到達廣州等待返鄉的台胞太多，先把大家打發走一部份，以紓解過多的返鄉探親客。

火車準時開往廣州。

「軟臥」是大陸鐵路運輸最高級的火車車廂。上下雙層床一對，每間房可住四人，俗稱「包房」，據說依照中共國務院的規定，「軟臥」只限於高幹、外國人、華僑以及台胞才有資格搭乘。其票價略低於飛機票，設備還算不錯，也較安全。（不是行車安全，而是多了一道門，把門扣好後可防止壞人進來。）坐在我們對面的兩人，是一對從台北來的堂兄弟，準備回湖南湘鄉探親。

車開出廣州後沒多久，有兩位年輕女士抱著一個約兩歲大的小孩站立門前，對面這兩位堂兄弟見他們抱小孩辛苦，讓他們坐在床沿上，不料此舉違反乘車規定，一位女服務員欲將此對母女趕出我們的車廂。

「我們是這些台胞的親友，是他同意讓我們在這歇歇的。」其中一名母親不從的說。這讓服務員好生無奈，於是又找來一位女性列車長勸說，僵持了好久。

「今天就是鄧小平同志來，他也不會趕我們，你真是一點同情心也沒有。」該兩女仕仍不願踏出軟臥車廂的說。

此語一出，可能犯了他們的忌諱，硬是找來了隨車公安人員（警察）將這對年輕女士趕出了「軟臥」車廂。女列車長向我們解釋，這是規定，也是制度，買什麼票就坐什麼車。使我了解，在社會主義制度下，一切規定必須遵守，同情心與惻隱之心是另一回事。在火車上我還曾看見一個翻越車窗欲進入車內的人，被一個穿白上衣的餐車工作人員放下厚重的玻璃窗，壓在越窗人的雙手上，並大聲說：「家有家規，國有國法，不准從窗口進來。」經越窗者苦苦哀求，他才將窗戶抬起，讓對方收回雙手。

在我們這節軟臥車廂內，還有該路段懷化分局分局長搭乘，趕那對年輕女士離開軟臥的「公安人員」就是這位分局長找來的。不過這位分局長並不是警察分局，而是鐵道部的分局，司職鐵道運輸。年約四十多歲，白白胖胖，雖為高幹，但職務不會太低。他知道我是台灣回來的，曾對我談到統一問題，我告以台灣富庶，如能以此建設中國多好，他竟回答目前祖國只希望兩岸早日統一並不希望吃掉台灣這塊肥肉。真是「口是心非」。雖說來之前，已得知無法避免會遇上這種狀況，但沒有想到對台胞的統戰居然無所不在。

車過詔關以後，已漸漸入夜。從廣州至重慶約需兩天兩夜，又不知到懷化換車需要等多久。如此漫長的旅程，也只有抱著一路觀看風景的心情，才不會感覺勞累無聊。不知何時已入夢鄉。朦朧中醒來，天尚未亮。又隔了很久火車窗外才漸漸發白，仔細看了看經過的站牌，才知道火車仍在廣東省境內馳奔。

這列火車雖有餐車，但是旅客並不能進入享用，僅在餐車上製做飯盒，然後推送到各節車廂販買。大陸的飯盒要比台灣飯盒大一倍，其特色是飯多菜少，我們買了二盒雞肉飯充饑。這種飯盒是將雞肉連骨頭一起剁成小塊，紅燒以後連湯一併倒入飯裡，每吃一口飯，嘴裡就有幾粒碎骨頭，必須將碎骨一一吐出後，才能將飯咬爛嚥下去，挺麻煩的。如果餵小孩吃，不但麻煩，還挺危險呢！

四月初正是油菜開花的季節，從車窗望去，滿山遍野開著黃色的油菜花，景色真是美極了！伴著窗外美景，車過衡陽，再經株洲，約中午時分抵達長沙。略事休息，火車再往西行，駛抵湘西重鎮懷化已是晚上九點多了。

歡迎光臨大旅社

懷化為此列車之終點站，我們必須在此換車。

出了懷化站，站前廣場一片烏黑，像是沒有路燈，廣場四週擺了很多販賣飲食的攤位，小攤上使用的都是古老的瓦斯燈或煤油燈，光線幽暗。在此等車、轉車的人很多，或立、或坐、或躺著，這種景像有如數十年前戰亂時的樣子，沒想到四十年後的承平時期[21]又見到了，而妻則是有生以來第一次看到這種景象。她事後告訴我，當時心裡有點怕怕的。

向站方人員打聽何時才有往四川方面的火車，並希望買二張軟臥。站務員回答要第二天晚上九點半才有車，由於這裡是中途站，不要說軟臥買不到，就連硬臥也只剩下一張。儘管如此，我也很滿足，在往後的一天一夜車程裡，能讓妻好好休息就好，因為她還沒嚐試過這種幾天幾夜的長途旅行呢。

我們在一間被指定專門負責接待台胞住宿的大旅社辦了住宿手續，從旅社廣告展示的照片看來，房內鋪著地毯，還附有一套沙發，窗上也掛著帶繡花的絨窗簾，設備看起來還算不壞。一間有兩張雙人床的套房，每宿只有人民幣二十元，倒也便宜。

旅社規定，行李必須放於四樓之專設的行李房，由專人保管，我一再向服務生聲明，我們夫妻兩同住一房，沒有外人，為了拿東西方便，行李不打算寄存行李間，才勉強被答應。看來此地治安一向不好，不經開始擔心了起來。

然而，進了房間後看到的景象卻是，掛窗簾的釘子已脫落，一張漂亮的窗簾斜掛在窗前，令人驚訝的是，地毯上扔了幾塊果皮、紙屑，兩個喝完了的空果汁罐擺在茶几上，遺留物均未清掃。

浴室內更為可觀，馬桶蓋已破裂，水箱無法壓水，旁邊另有小鐵桶兩個，可能是讓我們提水沖馬桶，或是提水洗澡用的。在電器熱水器的下方，接了幾條水管露出牆外，但卻沒有熱水可以使用，這就算了，沒想到就在晶琅入浴時，電熱水器爆出了火花，將晶琅嚇得哭了出來。這是我倆進入大陸後，第一晚投宿的旅社，就遇到此情形，怎不叫

21 太平時期。

人擔心害怕。

為了安全起見，我們就寢前將所有衣架、沙發試著堵住房門，但心裡依舊不安穩，整夜輾轉難眠，久久不能入睡。

懷化是我們返鄉探親，深入內地後所接觸到的第一個城市，原為湘西一小鎮，現已成為湖南的一處交通要塞，湘黔線、枝柳線在此交會，從廣州到成都以及從上海到成都的火車均經此地，難怪昨晚抵此，發現有那麼多人等車。

我這個在台灣被稱之為「外省人」的，離開四十年後再回到大陸，由於兩岸長時期的隔絕，雙方社會型態的不同，對這裡很多事情都有一種新鮮好奇的感覺，因此一有機會就抓緊時間到處走走看看。

旅社對面有一棟四層樓高的「國營懷化百貨公司」，我們曾進去參觀。各種物品陳列並不多，包裝、擺設都不甚講究，提不起消費者的購買慾。往後我們到重慶、成都、桂林等地，也逛了不少當地的大百貨公司，都有同樣的感覺。

我們親眼看見一位婦女買了一個塘瓷痰盂，未經包裝用手捧著離開百貨公司走向大街。

午餐時，我們在一家個體戶[22]開的飯店點了三菜一湯，服務人員問我們要吃幾斤飯？這可把我倆問倒了。不知如何回答，只說先來兩小碗。結果服務生端來一大碗，說是一斤，妻和我只吃了其中的一半。鄰桌的一位大陸同胞，叫了一菜一湯和一碗半斤的飯，好大的飯量！也難怪火車上的飯盒飯量如此之多，原來這裡的飲食習慣如此，亞洲人果然「無米不歡」。

晚上九點半的火車，我們八點半離開旅社。從六樓乘電梯下來時，電梯門居然故障，無法關閉，只好就這樣由服務生操縱開關，一路降到五樓、四樓、三樓、二樓、直到一樓。短短幾分鐘，有驚無險滿刺激的，也算是難得的體驗，只可惜了這麼大的一間旅社，沒有好好的管理。

拉著妻的手走出旅社大門，發現她的手心直冒汗。不知是不是迎面一陣冷風吹得妻混身打哆嗦，還是剛剛搭的電梯太過刺激所導致的。

22 中國一種個人經營商業體制。

由於我們是台胞，被請到貴賓室候車。貴賓室富麗堂皇，有盆景、壁畫、玻璃吊燈，還有書報雜誌。唯一美中不足的是室內燈光亮度不夠，使得整個貴賓室顯得昏暗。貴賓室內有一位女性管理員，非常客氣，並為我倆泡茶，拿書報。

候車室進來一位共軍高幹，身穿卡其軍服，另有三位著草綠布軍服的軍官陪同候車。我等台胞能和共軍高幹享受同等待遇，可見台胞在大陸上的特殊地位，亦或這也是對台胞統戰的一種方式？

十點以後火車才進站，較預定時間晚了約一個小時，女管理員親自送我倆到月台，並找來列車長說明我倆台胞身份，希望再設法給我一張臥鋪票。上車前我一再向這位管理員致謝。

擠上車以後，列車長果然又替我安排了一張硬臥，並補足差價。大陸火車分為三等，最好的是軟臥，有如房間，其次是硬臥，相對兩張三層的床鋪，所使用的是硬硬的塌塌米，第三等就是硬座了。雖然火車誤點一個小時，據臨座一位有經驗的乘客說：火車進入貴州省以後，由於停靠站少，夜間上下車的人也不多，一夜之間即可趕過所誤之時間，果然車到貴陽後已是標準時間。

火車一整天都在貴州省境內行駛。貴定、貴陽、息烽、遵義、桐梓都是民國三十五年我隨二〇二師離川時經過的地方。當年雖然是乘車路過或稍作休息，今天再度從此地經過，似有一種親切感。四十多年前經此東去，堂上雙親俱在，萬萬沒想到此去一別近半個世紀，如今再踏上這條歸鄉路，將要見到的只有哥哥、弟弟和妹妹而已，桑海滄田，世事多變化。

車過松坎至趕水，已進入四川省界。七七抗戰軍興隨父母親避戰亂入川，就從此在這裡生了根。我雖然在四十年後的今天又在台灣成家立業，可是再踏上大陸歸鄉之路卻仍然是走向四川。我又想起了那位外國文學家對「故鄉」二字的詮釋：故鄉，就是祖先流浪最後到達的終點。

傍晚六點十分火車準時到達綦江站。

有文化水平的老礦工

天下著毛毛細雨，上下車的人並不多，走出車廂老遠看見三哥打著雨傘，穿著一件米色風衣，仰著頭一節車廂、一節車廂的正在找我們。過往的一切，彷彿又在眼前重演，我叫了一聲「三哥」，向他擺擺手，我倆相向跑上前去，擁抱著痛哭起來，也顧不得月台上和車窗裡無數人的眼睛正盯著我們。

一場歷史悲劇所造成的分離，總算有了差強人意的結局。

我倆相擁著走出車站，妻紅著眼圈跟在我們兄弟倆的身後，彷彿成了配角。隨著三哥來接我們的還有他的女婿：小江的丈夫陳代科。

在行李房領出托運的彩色電視機，由三哥的女婿洽借了一部小型旅行車駛向南桐礦區三哥的家。離開綦江，夜暗中車在大雨中行駛，一路上崎嶇不平，來往車輛很少，遇有對方車來時雙方都把大燈熄掉，而後會車，感到有點危險。經過了一段很長的時間，約在晚上九時左右，抵達 801 村。

三嫂已在家中等候多時。原來三天前三哥接到我從廣州拍來的電報，沒有預估火車到達的時間，就迫不及待的趕到綦江車站等我們，這一等，就等了兩天兩夜。真難為他了。唉！手足情深嘛！

「嗚九弟呀！我以為再也見不到你囉，能回來就好，回來就好。」三嫂老淚縱橫的對我說，我也不經暗然淚下。

當年離家時，三嫂還是一位二十多歲的美麗少婦，她喜歡唱電影「鶯飛人間」裡的一首歌：「香格里拉」。「這美麗的香格里拉，這可愛的香格里拉～」三嫂時常掛在嘴邊哼唱著。如今在暗淡的燈光下，她顯得那麼蒼老。四十年畢竟是一段很長的歲月，況且討生活，爭生存，又是那麼的艱辛！

吃了三嫂為我們煮的兩大碗熱騰騰的麵條，送走了代科，從行李中取出所有從台灣帶來，準備送給家人們的多項禮物，與三哥三嫂促膝長談，四十年別後離情，一夜之間哪裡說得完。

直到深夜，我們才各自回房就寢。

三哥一家三口住在礦場的礦工宿舍。一間用石灰石砌成的房間約八坪大，三合土鋪的地面因年久失修已顯得有些凹凸不平，進門左邊的窗前擺了一張桌子，桌上擺了一些紙筆之類的文具。我想是因為，這裡住的是一位較具「文化水平」的退休老礦工，那個以前最重視我學業，費勁千辛萬苦也要供我讀書的三哥，這樣的三哥當然仍保留著閱讀習字的習慣。兩把舊沙發對著房門，另有兩個大小不同的舊衣櫥，和一張雙人床。這間八坪大的房間裡，僅這些簡陋的舊傢俱就有擁塞的感覺。

三哥特別介紹那個較大衣櫥的來歷；當年大陸「解放」後，三嫂的母親為了使從台灣回去的女兒和女婿能生存下去，不被迫害，因此她極積擁護共產黨，熱心參加各種運動。這個衣櫥就是當年她所獲得的「果實」。不過此一「果實」在文化大革命時期曾被紅衛兵沒收。後來因為獲得平反，又發還回來。

屋內除了這些簡陋的傢俱外，就是一張雙人床，加上擺在小衣櫥上一個十二吋，收看時畫面經常會跳動的黑白電視機。環境之簡陋，真是難以形容。我的三哥三嫂就在這簡陋、狹窄的屋子裡，生活三、四十年。我帶來的一個十八吋彩色遙控電視機，三哥三嫂把它當作「如獲至寶」。不只一次談到如果不是「燕傑回來」他們今生今世不可能享受到觀看這麼好的彩色電視。而我每當聽到他倆說這句話，我都會流下淚來。因為在台灣，看彩色電視已經是每個人每天生活中極為普遍的一件事，而他們卻認為是後半生不可想像的一種享受。天啊！海峽兩岸的生活差距為什麼變得如此之大？

進門就看見床舖，這對台灣人來說已不太習慣，雖然二、三十年前我們軍眷的丁種眷舍也是這種情形，但是目前我們的生活水準已提升太多，臥室與客廳必然是分開的。我建議三哥在床前隔一層木板或用鐵絲吊一張布簾。這樣三嫂午睡或換衣服也比較方便。

房間後面是一間狹窄陰暗的廚房。不必說冰箱、抽油煙機、濾水器一概沒有，就連碗櫃菜櫥也都破破舊舊。廚房進門的右側，用木板隔了一個小間，放了一張單人床，就成了三哥的么女汪 河睡覺的地方。

整個屋裡沒有衛生設備，洗澡要先用水壺燒熱水，再用兩個臉盆分裝，蹲在屋角沖洗。大小便則要到百公尺外的公廁。最糟的是所有公廁都沒有門，甚至沒有隔間，不要說妻不習慣，就連我蹲下去也拉不出來。幸好我有早起的習慣，每天趁天沒亮，大家都還沒起床，趕去上大號。

三哥和三嫂帶著兩個年齡相差約二十歲的女兒就在這間簡陋的屋子裡生活了三、四十年。好消息是三天後，四月十日，她就要結婚了。嫁給同為煤礦工人的江姓人家，大家都非常期待這個大喜日子的到來。

今天是三哥家最為忙碌的一天，兩位鄰居的老太太一大早就過來幫忙準備菜餚。一位穿綠色制服的女公安（女警），上午來到家中，好像是為我辦臨時戶口，由三哥代填了一張表。

中午席開兩桌，分置於兩個房間，離開三哥三嫂四十年，今天能夠再與他們團聚，這確實是一頓難得的團圓飯。席間大家雖然有說有笑，但彼此互相敬酒時，嘴中說著吉利話，眼圈卻含著淚水。

在我返台以後他給我的信中，曾附了一首詩，敘述大陸開放後他的心境。詩中有幾句是這樣寫的：

卅年風雨等閒度，牛生恩怨捐前嫌，
從來遺憾千古事，換得白頭有餘甜。

我無法推斷二、三十年前他的心路歷程又是如何？「寒天飲冰水，點滴在心頭」，是甘？是苦？就看自己去解釋了。

和兄嫂重聚的幾天裡，概略知道一些他們過去四十年的遭遇：他種過田、也當過煤礦工人下礦坑挖煤；曾被指為反革命份子，遭抄過家，戴過高帽子遊街；也有過手裡的一個菜包子捨不得吃，自己挨餓而把包子留給女兒吃的經驗，人間一切疾苦都嚐過了。

他對於我這次回來，因陋就簡的招待我們，一再表示歉意。我忍淚安慰他說：「四十年你們都能挨過，我們住這幾天又算什麼。」

無所不在的統戰計畫

我們到達的第二天，當地統戰部部長和共黨黨部書記相偕到三哥家拜訪我這位歸鄉台胞。並邀我們第二天到統戰部參加茶會。

在未到大陸前我們早有心理準備，此次返鄉純為探親，既不發表任何感想，也不參加任何活動。以免惹來不必要的麻煩。可是身臨其境後，很多事卻是由不得你了。統戰部部長和共黨書記是本地區數一數二的「首長」，他們既然親自蒞臨訪問，我也沒有必要迴避。至於參加茶會一事，在他們二位離開後，我曾向三哥表示不想去參加。而他認為參加無妨，只是去聊天，擺擺龍門陣而已。他已有幾次參加座談的經驗。大家心裡想的是一套，嘴裡說的又是一套。

「沒關係，盡管去。」聽了三哥這番話，我也安心不少。原來三哥雖然已從礦工退休，但是因為他文筆不錯，現在已被統戰部聘為臨時雇員，目前好像正在給統戰部撰寫一本當地的「少數民族誌」之類的書刊。如今弟弟遠從台灣回來，假若拒絕參加座談茶會，對他這個當哥哥的實在太沒面子。因此我也只好勉為其難了。決定明天去看看他們將如何對我統戰。

首長們離去前，我拿出在台灣以每個新台幣八元五角買的塑膠打火機，每人給他一個，統戰部長、共黨書記還有一個司機，三人接過打火機把玩一會兒後，愉快地放進口袋。

今天預定的活動是中午到姪女小江家午餐，下午到統戰部座談。

上午九時不到，統戰部部長就坐小轎車來到三哥家，親自接我們到萬盛。因為姪女小江和他服務於南桐區工商稽查單位的丈夫住在萬盛，部長昨天來訪時獲悉我們今天要去小江家，所以今天特別開車來接，以示對我這位台胞，和屬於「台屬」的三哥一家人的特別關愛，和照顧。

萬盛在四川西南方接近貴州的一個小鎮，原來叫做萬盛場，現在則屬於南桐礦區的一個政治、經濟中心，有寬闊的馬路、百貨公司和銀行。汽車、火車都通到這裡，街上來往行人也不少，三哥曾經陪我在街上逛了一圈，發現店裡出售的物品，擺設並不太多，行人道上也沒有幾個攤位，攤子上的物品，也陳設的不多，我也曾參觀了當地水果批發市場，由於水果多是從外地採購，如北方的蘋果、天津鴨梨等，但由於缺乏冷藏設備，腐爛情形非常嚴重。

小江和她的丈夫陳代科以前曾經在南桐川劇場工作，從事演藝生涯多年，目前該劇團已解散，由於陳代科是共產黨員，可能就是因為這種關係，他被安置在稽核單位，從事於並非他本行的工作，而他妻子汪 江則在家「待業」每月仍可領六、七十元之生活費。小江一再要求我，下午到統戰部座談時，能否提出早日分派她工作的請求，對於小江的這種要求，我甚感懷疑，我這個台灣回來的叔叔，出來說就會有用嗎？真的有份量嗎？

小江她們的住處，是在劇團工作時分配到的一間六樓公寓，沒有電梯設備，爬到六樓已氣喘如牛了。但是屋內設置已比三哥處好得太多，兩間臥房、一間餐廳、一個廚房、配有一間廁所，房間雖小，但吃、拉、撒總算有一位置，不像她老子家，不但家中洗澡、如廁不方便，一百公尺以外的公廁，連個門都沒有，害得晶琅連水都不敢多喝。

小江小時候就是我經常抱著，帶他到處去玩的一個乖巧小女孩，四十年前隨她父親從台灣回綦江後，少年、青年都在悲慘的歲月中度過，初中畢業後，由於家庭成分[23]不好，無法再升高中，她的資賦不錯、文筆也不差，她的女兒汪 巧（從母姓）曾在我們面前朗誦了一篇詩，聽後我的眼圈已濕，這首朗誦詩就出自於汪 巧的母親，我的姪女汪江之手。文化大革命時期，她曾和陳代科兩人，遠赴北京，參加紅衛兵的串連，文鬥武鬥都參加過。時於四十年前她父親將她們母女從台灣帶回大陸，她也表示不應該，私下批評她父親「意志不堅。」唉！往者，已矣！批評又有何用？我曾安慰三哥說：時也！命也！三哥也只好點頭承認（同意此四字）。

統戰部社的座談會原定在下午兩點，後又臨時通知改為三點舉行，延後的原因是座談會後再到餐廳晚餐，看來我這位台胞身價倒滿高的。

重慶市南桐礦區的統戰部設在萬盛場大街上，一棟三層樓的大建物裏，駐了好幾個

23 中國根據家庭經濟狀況，對全國人口進行劃分的一種分類，即階級成分。

「黨」、「政」單位。我們被引到二樓一間佈置得很漂亮的會客室。紅地毯、紫紅色窗簾，玻璃長茶几上擺滿了各式各樣茶點。長、短沙發圍著茶几成四方型擺開。據說只要有台胞返鄉，都會被請到這裡座談。

據說統戰部的任務可分三大部份：一是對大陸上各黨各派做統戰工作，二是對少數民族的統戰工作，三是對海外華僑及港澳台胞的統戰。目前中共為了早日爭取台灣的「回歸」、「認同」，台灣也開放了回大陸探親的政策，因此統戰的重點工作就放在我們這些返鄉探親的台胞身上。

在座談會上我以開玩笑的口吻指著身旁的妻說：「各位今天要歡迎的是我的『愛人同志』，她才是道道地地的台胞，我是四川本地人哦！」。而全程我則特地均以道地的四川話和他們交談。

部長在致歡迎詞後，送了一本叫做「答台胞台屬問 100 題」的小冊子，和一套四川風景卡片給我們。最後，統戰長談到了座談會的重點，他說中共極希望早日統一祖國，統一以後，將實施一國兩制，台灣的制度繼續保持…等。為了避免麻煩，我沒發言表示自己的看法。

在私底下我會用鄧小平：「不管黑貓白貓，會捉老鼠的就是好貓。」引申了一段：「不管這個主義，那個主義，能使大家過富裕好日子的就是好主義。」，向家人表示了我的看法。此話雖然含蓄，但是說得也非常明白。

未返大陸前，部分人常談到回大陸後如遇到中共統戰人員對我們統戰，將如何應付……等。依這次座談經驗，認為倒好應對，因為他們共幹的素質成份並不是每個人的教育水準都很高，就以今天的幾位共幹來說，如果認真的討論海峽兩岸的優劣點，他們不會是我的對手，如果他們硬要強詞奪理，那就另當別論了。

座談後大夥又到萬盛一家較具規模的餐廳晚餐，十二、三人圍聚一桌，菜餚尚稱豐盛，因為我和三哥等都不喝酒，便飯後我們即離去，只開了一瓶酒，並未喝完，剩下的半瓶，我看到統戰部長蓋好瓶蓋放入手提袋裡帶回去了。

第二天礦長邀集場裡各高級幹部，席開二桌，歡迎我們前去參訪，並參加座談會。這幾天，南桐礦區的礦長和黨委相繼來家裏拜訪。這對於一個退休的老礦工而言，確實是一件很體面的事。

煤礦場是南桐礦區主要生產機構，據說礦工有數千人，礦長是一位大學生，他和黨委都穿著同一式樣的藍色解放裝，五個鈕扣只扣了下面四個，領口敞開，鬍子也沒刮，如果不經介紹，我還真以為是礦工呢！

我們抵達礦場大門後，發現大門外閒散的人很多，好像悠哉悠哉，當然大家的注意力都集中在晶琅和我的身上，這可能與我倆穿著有關，因為我倆的衣著和行動舉止，確實與他們不一樣。在參觀礦區時，看見很多標語，上面寫著：「質量是煤炭工業的命根子」。「一九九八年工作目標……」。「指導思想：以黨的十三大精神為指針……」，等等。使人有一種到處都是口號的感覺。

婚禮

今天是三哥小女兒汪 河結婚的日子，還在台灣時三哥的來信有提到說姪女汪 河四月中將與礦場的同事結婚，我和晶琅也希望能在此次探親之行能趕上她的婚禮。因為這畢竟是我們汪家的一樁大事，在我們剛抵達時，曾送給汪 河一副珠子項鍊等等禮物，在大喜之日又包了一個大紅包，做為叔叔的賀禮。

根據我這幾天的了解，這將會是一場極簡單的婚禮，毫無儀式可言。前兩天我曾向三哥建議希望能稍微隆重一點，最少要有一輛禮車來接新娘，三哥以這裡的風俗就是這樣，不宜鋪張而婉拒了，我也只好入境隨俗。

時辰一到，新郎便徒步來到新娘家，而汪 河今天的打扮，也和平時差不多，據說三哥三嫂給女兒陪嫁嫁妝已在前一陣子，拿到新郎家裡，今天只是一對新人，離開女方家，走向男方家的簡單儀式而已。當汪 河離開養育了她二十三年多的家時，忍著淚水向她的父母親辭別。

「我倆先走，隔一會你們在同叔叔嬸嬸一塊來。」說完便轉身要離開。

「等等、等等。還沒向父母行辭別禮，感謝父母養育之恩吶！」我馬上攔著她倆說。語畢，她倆才又轉身向父母行一鞠躬禮後，不捨的離開。

三哥三嫂結婚四十多年，就只生了小江、小河兩個女兒，如今小女兒又結婚離去，今後兩老將孤獨的相依為命，此情景忽不傷心。

在赴男方喜宴的途中，巧遇另一家嫁女兒的人家，數名親友、男女各背一個竹條編的「背筧」背上放著棉被、枕頭等嫁妝物品，走向男方。一夥人熱熱鬧鬧的，倒也讓我倆「外地人」見識了一番。

汪河的新家是在礦區附近另一個村子，也是礦工宿舍，從 801 村步行約半小時。我們抵達時，男方正忙著準備喜宴，裡裡外外雖有五、六桌，但既不見紅燭高照，也不聞鞭炮、音樂等喧嚷聲，新房倒是粉刷佈置了一番，配上了花門簾，沒有鋪張的擺飾。大概也是因陋就簡吧！

筱君妹

到南桐已五天了，而離開台灣踏上返鄉之途已是第十二天，而筱君妹及鳴虎弟都尚未見到面呢，在三哥家已不能再多停留，決定明天轉赴重慶，先去看筱君。

臨行前兩天，三哥交待他女婿預購一種當地較豪華的客運汽車票，並與我們同行，好照應我們。那是一輛叫做「康福來」公司的巴士，專行駛於重慶跟萬盛間，票價比一般國營客車貴。萬盛雖為起點站，既無站房也沒看見站牌，因為我們有親人帶路，所以並沒有摸錯地方搭錯車。雖三哥家附近有停靠站，但為了確保四個多小時的車程有座位，我們決定前往起點站萬盛搭車。

發車後，車開始駛離萬盛，十餘分鐘後車已到達三哥家附近的車站，三哥早已站立路旁等候，並囑咐我們要注意旅途安全，未及數語已泣不成聲，待我開口欲安慰他前，車已再次發動，只好向三哥揮手告別。真是別時容易相見難，明年我們會再回來的。

「康福來」客車在當地頗有名氣。車廂內貼了一張紙條，上面寫著：「本車奉准豪華型車收費」。待我上車坐定後仔細觀察，不僅車容不好，座位狹窄，連中間走道也每排多設了一個活動小座椅而擁擠不堪。服務員是一位年約三十餘歲的男性，嘴邊鬍鬚未刮，口中叼著香煙，手捧著一個小鐵票箱，沿途並招攬乘客。如此巴士列為「豪華」實在是嘆為觀止。不過我曾在中途看見一個衣衫襤褸，手提竹簍的人招手要搭車，車上服務員向司機說了一聲：「不要停」，司機同志加足馬力揚塵而去。我暗自揣測他倆心中一定在想：你也配搭這種車？

沿路經過「綦江」這個地方，也是我極為熟悉三嫂的娘家，我當年也曾去過，記得那年端午節，我們曾在江邊觀看龍舟競賽。再江的上流，我也曾隨三哥用炸藥炸過魚。當時江水清澈，炸起來的魚有手臂那麼長。今天路過此地，只見江水混濁，似被污染，不知江中還有魚兒否？

從萬盛到重慶約百餘公里，由於路況不好，途中經過幾個鄉鎮，街上的人特別多，好像是在「趕場」，而行人又不讓車輛，在司機猛按喇叭慢速行駛的情況下，四個多小時才到達重慶市區。經過一條新修的寬廣公路，代科介紹說，是高速公路，我居然見一騎腳踏車者通行其上，這種高速公路比台灣的南北高速公路又差了一大截。車過黃角椏後，重慶已在望，我問代科海棠溪還有多遠？他回答說，長江大橋早已修好，不必經海棠溪到儲奇門。

說畢車已駛近長江大橋，只見橋頭有一塑像，橋面上有鋼架、護欄，工程堪稱鉅大，過橋後有同樣的一座塑像立於另一邊橋頭。

進入市區後，汽車依轉的環山街道而上，在一處較熱鬧的地點停車，而後我們搭乘一種由個體戶經營的麵包車往嘉陵江大橋邊的筱君家。未和筱君妹見面也已四十二年，我身邊連一張她的照片也沒有，腦海裡已記不起她的模樣，憂心待會能不能認得出彼此。

我們三個人才剛到筱君住處的樓下，已被她的外孫在樓上發現，大叫舅公來了，筱君聽聞立刻奔下樓來迎接我們。多年不見，筱君已五十三歲，顯得有些老態，她很堅強，我們見面時，她並沒有流淚，反而直勸我不要哭了。

由於我的蒞臨，筱君召回了她所有兒女，與從未見過面的舅舅、舅娘團聚。中午的一餐團圓飯，可說是熱鬧非凡。飯後大家同往嘉陵江大橋頭攝影留念。並往重慶市區參觀，先後參觀了上清侍衛頭、人民大會堂、解放碑等處。

逛街時發現一種難以想像小吃店：路邊火鍋。在小吃店靠近店面的地方，擺了數張矮竹椅，中間架設一口比家中炒菜用還大一點的鐵鍋，鐵鍋中用鐵片四片隔成九個方格，鍋中煮著滾燙的湯，可能是辣椒放的多，湯成紅色，互相不認識的客人圍著鐵鍋坐著，挾著自己點用的小菜。在同一口熱湯滾滾的鍋裡翻來翻去的煮著，然後送入口中，由於花椒、辣椒放的很多，吃的人滿頭大汗，卻津津有味，據說它的特有風味，就是麻、辣、燙。若以衛生的眼光講，則使人難以下嚥，眾多人在一個鍋裡洗筷子，這種吃法值得商榷。

重慶人民大會堂，是一棟仿照北平天壇式樣的建築，外觀頗雄偉，由於目前正在整修內部，大門貼出禁止入內參觀的佈告，由於我們是台胞，經子姪輩前去說明，門前首衛特准進入。據說此棟宏偉的建築物，由於耗資過鉅，建成後，當權者以浪費公帑為由槍斃了設計該建築的工程師，此傳說不知是真是假？如果是真，則當初核准興建此建築物者，所謂當政者，也應當有罪才是。

在人民大會堂前等公車時，代科因丟煙蒂，被一手佩紅色臂章上書「執勤證」之老婦人開單罰款五角，這種配戴紅色「執勤證」之老年人，多為已退休者，做一些社會服務的工作，多在沒有交通警察的路口協助維持交通，對兩人共乘一輛單車、穿越紅燈、亂丟紙屑等行為加以糾正，必要時並開罰單，而受罰者，雖不甘願，仍「欣」然接受。因稍有爭執，則加倍罰款，故違規者多抱納錢消災心裡，不過這也說明大陸公權力的權威性。哪像台灣還有人打警察，燒警車的事件，台灣真是太自由了。

當年我離開家鄉和筱君妹分別是民國三十五年春天，那時她才十一歲，是一個小學還沒畢業的黃毛小丫頭，如今已經是五十多歲的「老婦人」。和丈夫同在嘉陵江北岸的一間製藥廠工作。由於年輕時生產沒有注意調養，如今老了弄得身體虛弱多病。現在已因病退休，老倆口子跟小兒子住在一棟公寓式的藥廠宿舍六樓。

我的四個身陷大陸的兄弟姐妹，除了大哥早年跳江自殺，活著的三人遭遇不甚淒慘，當年因為戰亂，為了生活，十六歲嫁給國軍西安綏靖公署警衛團副團長劉顯廷。結婚不到一個月，丈夫晉升團長，自己也成為團長夫人。可是好景不常，民國三十八年底大陸失守，丈夫變為階下囚，在「反革命家庭」，「黑五類[24]」的陰影下生活了幾十年。

戰敗後的劉顯廷，為了生存輾轉自成都搬到重慶，雖然改了名字叫劉少啟，最後仍然逃不過被送往西昌集中營勞改的命運。

那時筱君妹已經是三個孩子的母親，大女兒四歲、二女兒兩歲、小兒子還沒滿週歲。為了一家四口的生活她曾經抽血賣，難怪她現在常常有頭暈的毛病。

上級宣傳「舊社會的一切都不好」、「舊社會的婚姻也可以無效」的情形下，一個年輕的少婦，帶著三個呱呱待哺的孩子，活下去是她最大的願望。勞改多年，沒有訊息的丈夫生死不明。在萬般無奈的掙扎下，做了改嫁的決定，和現在這位丈夫結婚。

是有意的選擇？還有上蒼的安排？這位第二任丈夫也姓劉。因此以前的三個孩子都沒改姓，筱君妹替前夫留下了傳宗接代的根。

更感人的事我現在這位妹夫，在接納帶著三個孩子的妻子時，遭到全家人極端的反對。可是他排除萬難，終於和筱君結婚。

三年後筱君又替他生了一個兒子。一家六口在「三反五反」、「大躍進」、「文化大革命」等無數次的政治運動中掙扎了二、三十年。

午後回到筱君家，發現鳴虎弟已遠從成都趕來。一見到弟弟，我倆抱頭痛哭，當年離開他時，他才六歲，如今他已是四十八歲的中年人。我們兄弟幾人當中，以他的命最苦也最可憐。八歲喪母，十歲隨年邁的父親投靠大哥，就在這年大陸變色，父親與筱君因欲搭機飛台灣，由於機位難求，而將他留置於大哥家，在兵荒馬亂的情況下，父親與筱君並沒有順利搭機來台，而鳴虎隨大哥一家人，因為戰亂也不知去向，戰敗者的命運是不幸的，其生活的最高要求，也只限於保住生命。在這種環境下，鳴虎怎能有好的生活，前幾天在三哥家也聽說，當年鳴虎在大哥家受苦，並遭大嫂虐待等等，其實這是可以理解的，當時大哥的遭遇何等的淒慘，其生活環境的艱苦可想而知。

父親病重臨終時，一再囑咐筱君，要她設法找回失散的鳴虎弟。數年後，經過筱君四處尋訪，拜託善心人士，終於如願以償在成都附近的金堂找到了失散多年的弟弟。這

24 黑五類是中華人民共和國在文化大革命時對政治身份為地主、富農、反革命分子、壞分子、右派等五類人的統稱。黑五類是中國共產黨前三十年統治下的政治賤民階層，也遭受到許多不平等待遇。

時的鳴虎弟已淪為乞丐，又因為重病，已奄奄一息。

筱君的適時尋獲，緊急送醫，才挽救了鳴虎的一條小命，姐弟倆回到重慶後，相依為命數十年。在我的記憶裡，鳴虎弟小時候長得很清秀，前額的頭髮長得很高，似一種科學家的禿頂，四十多年前離開他時，他正準備啟蒙入小學一年級。今天見到他時，個子雖不高，體格很粗壯，兩個眼睛圓而突出，留了一小撮鬍子，已不像小時候那麼秀氣，四十年的艱苦歲月中，他曾被大嫂趕出家門淪為乞丐，也做過伐木工人，總之，人間疾苦他都嚐盡了，能不說可憐嗎？

如今鳴虎弟已娶妻生子並做了外祖父，對於她的姐姐仍然必恭必敬。目前他遠在成都的一處汽車廠當工人，只要有幾天的假期，他都會坐一晚上的夜車，到重慶去看他的姐姐，真的姐弟情深。我們兄弟能在別離四十多年後活著團聚，這都要感謝筱君妹當年對弟弟照顧。

反觀近在咫尺的三哥三嫂，雖然也住在同屬於重慶市的南桐礦區，卻因自己生活都有問題，無力照顧弟妹，幾十年以來兄弟，叔嫂間都沒見過面。對於三哥和三嫂，鳴虎弟則有太多的不滿，當然筱君妹也有些不諒解他們。

大陸上的三兄妹，都是我的親手足，我絕不偏袒任何一位。後來我曾寫信給弟弟妹妹，要他們以寬恕待人的胸襟處之，一切不愉快的往事，都讓它隨歲月的流失而忘掉。我也曾認為自己被三哥拋棄，但念一轉，三哥或許早知道到時的情況，將我留在台灣或許是最好的結果。誰又會知道從此與家人失聯，誰的錯？戰亂也。當年三哥本身已經是「泥菩薩過江」，自身都難保了，那還有餘力照顧我們弟弟妹妹，也許是身為兄長卻無力照顧弟妹的自責，因而沒臉再聯絡他倆。難怪三哥給我的來信，常會提起要我做一些團結家族的工作。

筱君妹的悲慘遭遇，都是她的孩子們告訴我的。從小就在艱苦中成長的子女，如今都已長大成人，成家立業，各有一個美滿的家庭。過的雖然不是富裕的生活，但已經能夠溫飽，對於他們的父母都非常孝順。數十年的「黑五類」身份也已平反，今天又有一位遠從台灣來而從未見過面的舅舅來探望他們，使他們姐弟幾家人樂得不可開交。一夥人帶著我們到上清寺、兩路口、朝天門、嘉陵江畔、揚子江邊等等跑了不少地方。下午子姪兩對夫妻，陪我們漫步到長江岸邊，只見江水滾滾，偶而有一、兩艘江輪航行期間，時而鳴起一聲汽笛，聞後激起心中無限的感慨，五十年前曾於抗戰軍與隨父母逆江而上來到這天府之國—西蜀。五十年後的今天，父母早已仙逝，兄弟也各奔東西，唉！世事多變化。

在江邊，遠處划來一艘漁舟，姪子前往購得一尾剛從江中補獲的魚，晚餐時佐以下酒，不僅味美，其肉嫩如豆腐，我讚不絕口，沒想到長江的魚可真好吃。頓時覺得這次返鄉能與家人同桌吃飯，把酒言歡，挺好的、挺好的。

在筱君妹家住了三天，隨著鳴虎弟乘成渝鐵路的夜快車，再到歸鄉探親的第三站—成都。

不會駕駛汽車的汽車廠工人

成都車站的月台上，掛了一幅很長的紅布條，上面寫著：「歡迎台灣同胞返鄉探親。」幾個大字。當然這不是專為我而掛，不過我也是列入被歡迎的對象。

嗚虎弟一家四口。除了一個高中畢業一心想做個體戶的兒子以外，其餘三個人目前都在一間汽車修理廠工作。妻子是玻璃工，女兒是噴漆工，自己則是一個在汽車廠工作多年，而不會駕駛汽車的電工。

因為兒子一心想做個體戶，目前在宿舍對門開了一間飲食店，店裡擺了四、五張竹桌子，灶台就在店門外，用生煤做燃料，設備不僅簡陋，也不衛生。飲食店雖開設在工廠附近，路上行人也不少，可是生意並不好。原因是工廠裡都有公家的食堂，供應廉價的飯菜。工人每月一百多元的工資，能省就省啦！據嗚虎弟說：這個小飲食店能支撐多久？很難預料。

我們回台不久，嗚虎弟來信說小飲食店已關門，改賣皮鞋。以後又來信說，皮鞋生意也不好，一天賣不了一兩雙鞋。結束了皮鞋店，又從北方買了一些毛線到成都推銷，據說冬天以前生意還不壞，可是開春以後生意又不行了。

說也難怪，他們根本不是做生意的人，更不懂市場調查，在大家都是低收入的社會環境裡，每人每月的消費額又能有多少？生意自然也就不好做了。

鳴虎弟自從年幼時因戰亂和家人失散後，被他姐姐在茫茫人海中找回來。由於生活環境的貧困，連小學都沒有畢業，是屬於較沒有「文化水平」的人。長大以後做了多年的伐木工，最後就在成都附近的林業汽車修理廠當電工。這次我到成都去看他，他們工廠的同事見到我，都問他：你弟弟從台灣回來看你哦！其實我的年齡整整比他大十歲。他在過去的四十年艱辛歲月裡，吃了多少苦，受了多少罪，如今才四十八歲，竟顯得那麼蒼老。

只要有親人從台灣返鄉探親，大陸的工作單位就會給予事假。我們也不知道鳴虎弟請了幾天假，成都附近的多處名勝古蹟，他都陪我們去參觀了：武侯祠的出師表石碑、漢昭烈皇帝陵寢、唐代詩聖杜甫草堂、蘇東坡父子三人建於故居眉山縣附近的三蘇祠，岷江邊的樂山大佛……等，我們都拍攝了不少的紀念照。在當地生活了數十年的嗚虎弟，對當地的一切古蹟並不十分了解，很多地方尚須我這個遠離故鄉多年的哥哥向他解說。

在登峨嵋山的半途中，有一座巍峨雄偉的古剎 25，弟弟點燃了兩柱香，拉著我的手，要我同跪在佛像前，他的嘴尚未開口祈禱，早已淚流滿面。我深深的體會出他當時的心情，是要感謝上蒼。雖從小失去雙親，由姐姐撫養長大，在經過四十年的離散後，今天能和哥哥再團聚。

四月初春的峨嵋山上，仍有部份積雪，氣溫很低，天又下著小雨，依我多年軍中打下的底子，以我的體力和耐力，要爬上「金頂」應該沒有問題。可是妻以及小我十歲的嗚虎弟已無法支持，氣喘如牛。還好，峨眉山有提供滑竿服務：一種由竹子做成的簡易轎子，挑夫沿途向體力不支的遊客招攬生意。回程我們只好雇用這種「社會遺留下的」交通工具，被抬下山。

「賴湯圓」、「吳抄手」，是成都有名的小吃。然而這一趟成都之旅，我們什麼也

25 年代久遠的寺廟。

沒吃到。鳴虎弟雖然在當地生活了一段不算短的日子，但是他們每個月有限的收入，是不夠資格享受三餐以外的其他餐點。況且在多年前甚至連每日三餐都成問題。此刻他也不知道什麼地方賣什麼好吃的東西。

我們每次出去，到了吃飯時間，都由他帶領我們到一間門面不大的飯館，他先是在門前看了每樣炒菜的價錢，然後再引導我們大夥進便宜的那一家。雖然我一再向他表示不必這樣斤斤計較，只要衛生就好。可是他卻說：「那不好，會吃虧」。那怕是一盤炒菜差個一元五角，他也不願多給。幾十年貧窮的日子，已把他「養成」了這種「節儉的美德」。

有一件事是我這次返鄉探親最感到安慰的：弟弟、妹妹和三哥，雖然目前過著並不是富裕的生活，可是他們都有骨氣。他們一再的向我表示：他們目前的生活過得很好，不需要我的金錢支援。我也深知他們的收入有限，不能因為我們回來使他們花費額外的開支。所以每到一家我都先將以兌換好的外匯券交給他們，由他們去支付各項開銷。

在成都附近的金堂縣，有我大哥留下的兩個兒子，祝恭和祝興。這兩位從未見過面的侄兒也趕來成都和我們見面。從他倆口中，知道一些大哥大嫂臨終前的遭遇。

和大哥最後一次見面，是民國二十六年抗戰軍興，大哥那時正好軍校十二期在武昌畢業，被分發到西安。臨行前回家向父母親辭行。從那以後就再沒見過他。

大陸軍事逆轉後，因為部隊已打垮，身陷四川已無路可走，夫妻倆帶著兩個半大不小的孩子，在成都附近的金堂住了下來。

變色後的大陸，各種政治運動接二連三的接踵而來。以他曾經是國軍中級幹部的特殊背景，在當地社會上根本沒有生存的空間。在處處無法立足的環境下，家中生活立刻發生問題。在一切已陷入絕境的情形下，大哥和大嫂經常為了生活問題發生齟齬，真所謂是「貧賤夫妻百事哀」。

然而就在一個夜黑風高的晚上，大哥拋妻別子跳江自盡了。這件事情發生後，最悲傷的莫過於我的大嫂。在那離鄉背井，人地生疏，家庭成分又不好的惡劣環境下，帶著兩個幼兒如何生活下去？不久，她也患了精神分裂症。每天拿著一支小竹桿，在附近的水塘裡拍打，嘴裡喊著丈夫的名字，在水中尋找丈夫。結果她也溺死在水塘裡，遺留下兩個孤苦零丁的孩子。

我的父親在老家共有三兄弟，父親排行老二。年輕時投入軍旅後，很少回老家居住，倒是我的大爺和老爹，（伯父和叔叔）從小和家人就居住在故鄉，幾代都沒有搬離過北京城。他們歷經了滿清政府、國民政府、汪精衛偽政權以及現在的政府。他們也在大風大浪裡翻滾了很多年。只有我父親老二這一房，五、六十年來，東遷西蕩，不僅居無定所，最後落得一家人流離四方，幾乎不能團聚。

這次回成都，見到了在成都鐵道部服務的我四哥（堂兄）的兒子家麟。我的這位堂侄，從小在北京老家長大。專科畢業後分發到成都鐵道部工作。他雖然屬於晚輩，但是對於老家的一切，卻比我們流浪在外，屬於長一輩份的叔叔姑姑知道得太多了。在我們離開台灣前曾和他取得連繫，他從老家帶了幾張當年我父母親年輕時的照片，那是我從未見過的歷史鏡頭。另外又給我一本折摺式影印的家譜。

家譜封面正中央有：「傳留三代遺摺」六個字，兩旁則為「光緒參拾參年正月 初八日立」幾個小字。

打開家譜依序寫著：

希林保（曾祖官印）
希春保
希綸保
巴明阿（祖官印）
巴榮阿
巴金阿
巴隆阿
成福（父官印）
成彩（叔官印）
連輿（子官印）五月十三日未時生

連俊　又名聯芳　六月二十三日卯時生
連喜　七月三十日子時生
鳴午（孫官印）二爺之子、八月初八日午時生
鳴岐　大爺之子、十二月初十日寅時生
鳴鑾　二爺之子、九月二十九日已時生
鳴宇　三爺之子、二月十二日戌時生
鳴九　二爺之子、十一月初四日生
鳴虎　二爺之子
祝恭　鳴午之長子
祝興　鳴午之次子
家麟　鳴宇之長子
家驥　鳴宇之次子
家良　鳴岐之子
家榮　鳴虎之子

我真是白活了六十歲。居然不知道自己是滿族人。從小有記憶開始，父母兄長就沒有任何一個人對我說過我們是滿族人。如今親眼看到，手中拿著列有我自己的名字的家譜，我才驚訝的發現自己是滿族後裔。荒唐乎！

探親返台後的第二年中秋，三哥來信邀我一同回北京老家。他要就記憶所知，替我介紹一些故鄉的舊時情景。在信中並附了一首詩，要我將它轉寄給目前居住台北，他的老同學，也是老同事，民國三十八年曾經勸他不要回四川，也是寫介紹信接我來台灣的那位梅副團長。

詩篇的第一行寫著：懷念定南兄嫂。

詩曰：

植樹東籬下，
落葉盡歸根，
石在山中秀，
月是故鄉明，
舉頭望明月，

低頭思故人，
佳節念窗友，
兩地同一心，
闊別四十載，
相思夢裡尋，
憶昔少壯時，
立志去從軍，
切磋相砥礪，
促膝互談心，
抗戰曆八載，
衛國從軍戎，
台島重相聚，
更似骨肉親，
赤山同室居，
狂歡快生平，

豈冀兩岸隔，
長久無音訊，
計程應不遠，
何不再歸寧？
今生能相會，
共話別離情，
莫道東隅失，
人間重晚晴！

汪鳴鑾、王安民　於重慶南桐礦區

我將原詩寄給梅先生，另外影印了一份置於書桌的玻璃墊板下。

闊別四十年的親人，尤其是像我們汪家這一房的兄弟姐妹，當年居無恆址，像水中浮萍一樣的家庭，大家分散四十年後，最後仍能重逢，可以說是奇蹟。

唉！天助我矣！一股「明年我會再回來」的衝動，臨離大陸時向親人們許下了這個諾言。可是回到台灣家裏以後，見到兩個仍在求學中的兒子，他們既未成家，也沒立業，我們夫妻倆的一趟大陸探親之旅，用去了孩子幾年的學費，也是我們多年的儲蓄。由於妻平日省吃儉用，家中才有些許積蓄，在尋獲失散多年的親人後，才有能力迫不及待的踏上歸鄉旅途。如果每年都回一趟大陸，事實上是無法辦到的。

七七抗戰至今五十多年，我的家人全都在四川落戶生根。我記憶中的童年往事，也多數是在四川省銅梁縣的虎峰場圍繞打轉。故都，故鄉的故居，對我而言已毫無印象。不是我忘本，也並非不想尋根。待再過幾年，等孩子們學業有成，成家立業後，咱們再榮歸故里。

偶爾坐在書桌前，看見玻璃墊板下三哥寫的詩，激起我不少的感觸。在給他的回信中，婉轉的說明過二、三年後再返鄉的原因。並且我也附了一首詩：

植樹東籬下，落葉竟歸根？
風自東面起，葉往西飄零，

朔風吹落葉，南方是葉根。
何山石最秀？那鄉月又明？
北望直冀地，西眺川貴雲。
愛新覺羅後，今易西蜀人。
仰愧對先祖，俯何語子孫？

我可以猜想出三哥收到這封信時的感受和失望。海峽兩岸四十年的隔絕，使我們兄弟生活在兩個迥然不同的社會裡。我從一個軍中最基層的二等兵，經過多年的奮鬥，成為一個國軍中級幹部。兩袖清風，家無恆產的環境，退役下來竟又創出另一片天地。在不算很寬敞的屋子裡，我們過著無憂無愁的自在生活。

我常對孩子們說：「人在福中要惜福」。今天我們能有如此的經濟環境，過著這樣的安定生活，父母親胼手胝足的奮鬥，節儉樸實的過日子，固然是原因之一，但是政府的正確領導政策，提供給民眾各種爭取改善生活的誘因，讓民眾去開創，發展，不能不說是最大的因素。

反觀我在大陸上的兄弟，四十年來他們哪個不比我更勤奮，更努力，不是嗎？如今他們仍在貧窮的邊緣上生活。在我家鄉的一位姪女，已二十六歲結婚生子，卻連一枚一錢重的小金戒指都沒戴過。哪像我們台灣，一桌酒席動輒萬餘元，吃掉一兩黃金，浪費喔！

赴大陸探親回來後，這四十年飄飄蕩蕩的心，也總算靜了下來。多年來惦記著的親人平平安安，膝下兒孫滿堂，我也就放心了。與三哥相約一同回北京老家的約定我沒忘，看到大陸的家人們如此努力生活著，我決心在努力打拼個幾年，好光榮返鄉！

麥克阿瑟將軍有句名言：「老兵不死，只是凋零」。

現在這句名言我想應該改為：「老兵不死，也沒凋零」。

05

燕傑年表

PERSONAL MEMOIRS

TAIWAN

CHINA

1930

霧社事件。

農曆十一月初四日生於東北遼寧省奉天。原名「鳴九」，乳名「小次」。父 聯芳，號馨三(原名連俊)。母 魏氏。

1931

九一八事變。隨父母回北京老家、住香山附近故居。

1933

一二八上海事變。隨母親自北京遷居南京。

1935

日本統治台灣40週年。

農曆十一月二十四日樹君妹出生。

1937

七七事變。遷至重慶。

1938

全家定居四川省銅梁縣虎峰場。進入虎峰中心國民學校就讀一年級。

1939
樹榮姐病逝虎峰場、年僅十九歲。
樹君妹改名筱君。

1940
嗚虎弟出生、小名冬冬。

1943
家遷往西溫泉、入西泉小學就讀、插班四年級。

1944
家遷回虎蜂場。
因家貧入憲兵第九團醫務所、當小看護兵。

1945
中國戰區最高統帥蔣介石。
代表同盟國軍事接管台灣。

抗日戰爭結束。
離開憲兵第九團、回家後再入學完成小學學業。
母病。

1946
台灣實施
地方自治。

國共內戰。
農曆正月十六日離家投靠三哥。
入青年軍二〇二師工兵營當兵。
改名「燕傑」、呈報籍貫為「四川省 銅梁縣」。
秋後隨軍移駐江蘇蘇州。

1947
二二八事件。
實施憲法。

入杭州青年中學讀書、
於西湖畔完成初中三個學期之學業。

TAIWAN CHINA

1948

母病逝。

1949

十月中華人民共和國成立。
十二月中華民國政府撤退來台。

杭州青年中學停辦、編入預幹總隊
接受六個月之軍官教育、
畢業後任突擊總隊突擊隊員。

九月隨廣州陸訓部招兵處來台灣、
編入八十軍三四O師一O二O團
輸送連當二等運輸兵。

1951

升任文書上士。
獲頒「預備軍官適任證書」。

1956

考取候補軍官班、
八月入步兵學校候官班受訓、
擔任第一屆實習連長。

1957

考候補軍官班畢業、
留校任區隊附。
六月返原單位後、
晉升准尉初級行政官。

1958

元月一日晉升陸軍步兵少尉官階。

1959

元月二十日與林秀琴小姐結婚。
奉調步兵學校兵器教官組助教。

1960

晉升中尉官階。

1961

女兒美豐十二月二日出生。
妻林秀琴因心臟病逝世。

1962

晉升上尉官階。
調任學生總隊區隊長。

1965

四月十八日與董晶琅小姐結婚。
長子聖憲十二月二十五日出生。

1966

中國戰區最高統帥蔣介石，
代表同盟國軍事接管台灣。

文化大革命開始。

1968

獲頒忠勤勳章一座。

1969

次子聖麒八月二十九日出生。

TAIWAN

1970
調任步兵學校校長辦公室侍從官。

1971
晉升少校官階。

1973
奉准於十月一日以少校官階退役、結束二十四年軍旅生涯。

1975
進入高雄市果菜市場任承銷商。

1987
解除台灣省戒嚴令，開放報禁、黨禁、大陸探親。

1988
四月踏上歸鄉之旅。

CHINA

1971
中華人民共和國取代中華民國成為聯合國五大常任理事國之一。

1976
中共中央軍委主席毛澤東逝世。

小說系列 - 01

一頂蚊帳、一床棉被和新台幣十塊錢。

編著	汪燕傑
封面設計	陳郁屏
排版設計	想閱文化有限公司
總編輯	陳郁屏
發行人	陳郁屏
出版	想閱文化有限公司
發行	想閱文化有限公司
	屏東市 900 復興路 1 號 3 樓
	電話：(08)732 9090
	Email： cravingread@gmail.com
總經銷	大和書報圖書股份有限公司
	新北市 242 新莊區五工五路 2 號
	電話：(02)8990 2588
	傳真：(02)2299 7900
初版一刷	2020 年 7 月
定價	300 元
ISBN	978-986-97784-2-8

國家圖書館出版品預行編目 (CIP) 資料

一頂蚊帳、一床棉被和新台幣十塊錢。
= A personal memoirs of veteran soldier / 汪燕傑著 .
-- 初版 . -- 屏東市 : 想閱文化 , 2020.07　面；　公分 .
-- (小說系列 ; 1)
ISBN 978-986-97784-2-8(平裝)
1. 汪燕傑 2. 自傳 3. 中國

782.887　　109009171